CULTIVADO EM CASA

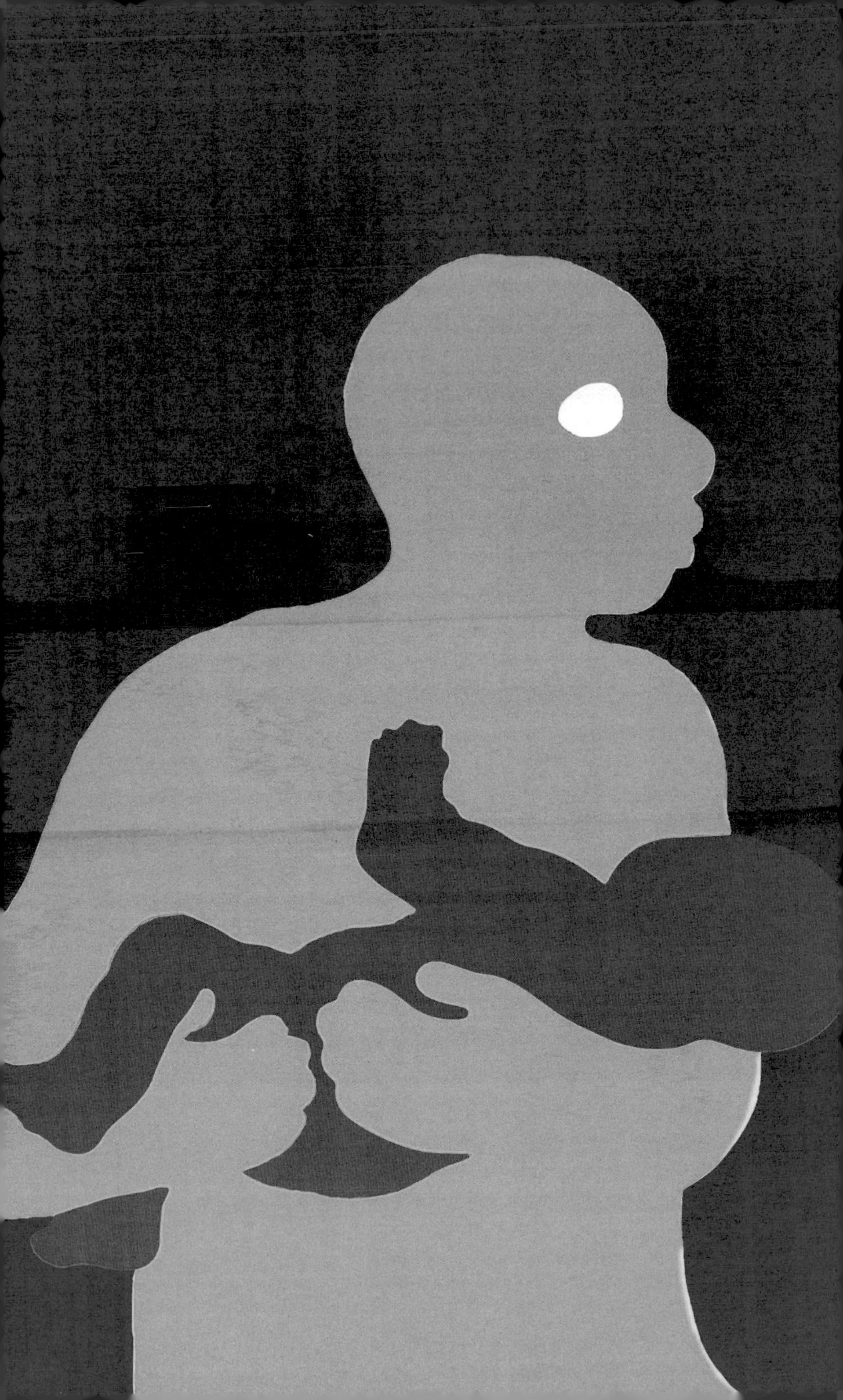

bell hooks e
Amalia Mesa-Bains

CULTIVADO EM CASA

TRADUÇÃO
Bruna Barros
e Jess Oliveira

crítica cultural
engajada

wmf martinsfontes

Esta obra foi publicada originalmente em inglês com o título
HOMEGROWN: ENGAGED CULTURAL CRITICISM.

Tradução autorizada da edição em língua inglesa publicada pela Routledge, membro do Taylor & Francis Group LLC.

1ª EDIÇÃO 2025

TRADUÇÃO Bruna Barros e Jess Oliveira
ACOMPANHAMENTO EDITORIAL Fernanda Alvares
PREPARAÇÃO DE TEXTO Carol Mesquita
REVISÕES Cássia Land e Daniela Lima
PRODUÇÃO GRÁFICA Geraldo Alves
PAGINAÇÃO Renato Carbone
CAPA E PROJETO GRÁFICO Tereza Bettinardi e Lucas D'Ascenção (assistente de arte)
IMAGEM DA CAPA Mulambö, *Maré*, 2020

Dados Internacionais de Catalogação na Publicação (CIP)
(Câmara Brasileira do Livro, SP, Brasil)

hooks, bell, 1952-2021.
Cultivado em casa : crítica cultural engajada / bell hooks e Amalia Mesa-Bains ; tradução Bruna Barros e Jess Oliveira. – São Paulo : Editora WMF Martins Fontes, 2025. – (Coleção bell hooks)

Título original: Homegrown : engaged cultural criticism
ISBN 978-85-469-0758-8

1. Afro-americanos – Condições sociais 2. Crítica feminista – Estados Unidos 3. Etnicidade – Estados Unidos 4. Estados Unidos – Condições sociais 5. Estados Unidos – Relações raciais 6. Hispano-americanos – Condições sociais 7. hooks, bell, 1952-2021 8. Mesa-Bains, Amalia 9. Multiculturalismo I. Mesa-Bains, Amalia. II. Título. III. Série.

25-282849 CDD-305.48800973

Índice para catálogo sistemático:
1. Mulheres : Afro-americanas : Hispano-americanas : Sociologia 305.48800973

Cibele Maria Dias – Bibliotecária – CRB-8/9427

Editora WMF Martins Fontes Ltda.
Rua Prof. Laerte Ramos de Carvalho, 133 01325-030 São Paulo SP Brasil
Tel. (11) 3293-8150 e-mail: info@wmfmartinsfontes.com.br
http://www.wmfmartinsfontes.com.br

PREFÁCIO À EDIÇÃO BRASILEIRA ..... **VII**
PREFÁCIO À NOVA EDIÇÃO **3**
PREFÁCIO **5**

1 Família **11**
2 Iconografia feminista **41**
3 Pedagogias da resistência **65**
4 Cultura pública **89**
5 Multiculturalismo **107**
6 Lar **137**
7 Memória **149**
8 Altares **165**
9 Dia dos Mortos **175**

Posfácio **187**
Posfácio à nova edição **207**

PREFÁCIO À EDIÇÃO BRASILEIRA

AS CORES E AS VOZES DO SUL

Para nós duas, o lar é um lugar onde pessoas historicamente oprimidas e marginalizadas restauram seus espíritos e continuam o processo de autorrecuperação. Não é coincidência que os movimentos antirracistas nos Estados Unidos tenham começado em casa, e não em espaços públicos. No contexto sulista dos Estados Unidos, o lar oferecia um lugar seguro [...]

bell hooks

Homegrown – Cultivado em casa na tradução para o português – é um livro único. Versa sobre trocas e construção da solidariedade através do diálogo entre perspectivas historicamente subalternizadas nos Estados Unidos, que juntas definiram os contornos da nação: a *black* e a *chicana*.

A estrutura do livro produz a sensação de se ter chegado à cozinha de uma casa, onde duas velhas amigas conversam há horas. O movimento é de puxar um banco, servir-se de café e se concentrar para acompanhar uma conversa que exala uma intimidade evidente – feita de pensamentos compartilhados e de gestos que imaginamos ao ler. São duas mulheres com profunda experiência de racialização, que marca não apenas as próprias vidas, mas também a vida de seus antepassados, forjando a nação, e que se constitui no próprio jogo político racial excludente, que historicamente traçou diferenças profundas e separações entre grupos e comunidades. *Cultivado em casa* emula a comida caseira – o nutrir com sabor e saúde, a contação de histórias, o que flui, o que há em comum, apesar de tudo que insiste em dividir, oprimir e separar.

O livro foi publicado pela primeira vez em 2006. A edição ora disponibilizada ao público brasileiro tem um posfácio das autoras, elaborado depois do Onze de Setembro, e prefácio de bell hooks para a nova edição. Trata-se daquela que foi revista e ampliada dez anos depois, com um novo posfácio da artista chicana Amalia Mesa-Bains. O livro está estruturado em nove pequenos e ágeis capítulos (além de prefácio e posfácio). Um texto que segue continuamente como troca de ideias, com títulos curtos que evidenciam, de modo simples, o que vai ser conversado. São pequenas paradas que organizam os temas que serão tratados nas páginas subsequentes.

bell hooks e Amalia Mesa-Bains, ambas do sul dos Estados Unidos, dedicaram suas trajetórias à vida intelectual, à arte, à crítica cultural e ao ativismo. *Black* (*african-american*, ou seja, uma identidade referida à experiência da escravidão nos Estados Unidos, diferente de outras origens, como a jamaicana) e *chicana* (termo reivindicado desde a década de 1960 por pessoas de ascendência mexicana nascidas nos Estados Unidos) são identidades marcadas pelo racismo, por deslocamentos, perdas, resistências e fronteiras.

Elas registram, em forma escrita, um diálogo que se dirige apenas lateralmente ao pensamento dominante, opressor e racista: aquele que insiste em demarcar suas diferenças. O foco, aqui, são as semelhanças – o compartilhamento de experiências de racialização, de exclusão e de discriminação. São vozes de confrontação, feministas, *black* e *chicanas*, estadunidenses e latinas, que se insurgem contra uma narrativa que insiste em dividir e silenciar os grupos que representam. Apesar de o espaço doméstico, a intimidade e a família terem um lugar central, o feminino e suas complexas experiências não estão erguidos sob a marca da maternidade. Ambas não foram mães nem se projetaram, no mundo que analisam, por essa chave.

A quem este livro se dirige? bell hooks responde: "é para falar com pessoas que não necessariamente leem ensaios e que não estão necessariamente em instituições acadêmicas, mas que são, ou têm o potencial de ser, 'intelectuais orgânicas', pessoas que pensam de maneira crítica e se engajam em trocas dialéticas onde quer que estejam".

Sentadas nessa mesa imaginária, as duas mulheres buscam quem possa lê-las: produzem um repertório sobre relações raciais não se apoiando no binarismo estadunidense mais conhecido (*black* e *white*). A conversa, que percorre as experiências indígenas, asiáticas e latino-americanas, valoriza o doméstico, o feminino, e se engaja em cerzir semelhanças pelo fio de experiências comuns que acabam por reposicionar as diferenças e as múltiplas formas de racialização e exclusão. Elas não apenas confrontam a narrativa que as opõe, que tenta separá-las. No partilhar de uma experiência racializada e subalternizada, através da afetividade, da casa e do doméstico que alimentam a arte e a análise crítica, ambas conclamam à resistência, à busca e, sobretudo, a uma voz própria.

A intimidade e a arte como política e resistência são centrais para o desenrolar desse diálogo, que conclama reposicionamento, sororidade e ação. Ambas vêm de ambientes conservadores e se desnudam, reconhecendo e expondo como se construíram a partir de embates travados no interior da família. Suas mães ocupam aqui um lugar central –

seja pela força da religiosidade na experiência diferenciada de gênero, seja pelas preocupações com a sobrevivência futura (a arte nunca foi entendida como esse lugar), seja pelos desejos de ascensão social. Ambas vêm de famílias religiosas (bell hooks, de igreja batista; Amalia, de um catolicismo mexicano-americano com doses irlandesas). Para ambas, as iconografias religiosas foram justamente as primeiras experiências de apreciação artística. As mães ocupam um lugar ambíguo: representam a regra, a convenção, mas também sua transgressão de gênero, o confronto.

A casa aparece de múltiplas formas: articula as experiências de gênero e raça, vividas conjuntamente por elas. Jamais de modo separado. Reconhecem que a resistência feminista não se restringe ao feminismo branco. Seu núcleo está nos inúmeros enfrentamentos feitos por suas mães e avós em condições de extrema desigualdade para mulheres, especialmente, as não brancas. Uma resistência também estética – numa aposta na feminilidade (diferente nesse ponto das feministas brancas); percepções estéticas e conhecimentos moldados pelo tipo de transmissão de conhecimento feito por suas mães e avós a partir da profissão de trabalhadora doméstica (remunerada ou não).

Ambas compartilham percepções similares a respeito das pessoas brancas com quem suas mães conviveram e cuja experiência compartilharam. O contraste e o desprezo marcam essa relação racializadora.

Elas reivindicam, disputam os significados e as apropriações, de suas figuras mais icônicas, como Frida Khalo. São páginas e páginas sobre como sua arte e sua vida as tocaram irremediavelmente a partir de suas experiências racializadas, generificadas e, muito especialmente, de classe. Uma narrativa que se contrapõe às apropriações diversas que Frida e sua produção artística vêm sofrendo: a indústria, o consumo, as mexicanas *versus* as *chicanas*, pessoas brancas estadunidenses do *mainstream*, as feministas brancas. "O que você fez para merecer o direito de falar sobre ela [sobre Frida Kahlo]?" A pergunta confrontativa de bell hooks indica o que as duas intelectuais argumentam em relação ao imperialismo cultural

Elas viveram a segregação e a experiência de dessegregação como alunas, mas também como professoras. Nesse ponto, vemos a influência de Paulo Freire e do livro *Pedagogia do oprimido*, que alimentou o trabalho na educação fundamental ministrado pelo Partido dos Panteras Negras. As reflexões sobre o ensino do inglês, o *Ebonics* – que bell hooks chama de "língua da intimidade" – nos fazem pensar sobre o *pretoguês*, valorizado por Lélia Gonzalez. Mas também sobre a força das ações afirmativas na formação de pessoas racializadas e da classe trabalhadora com alta escolarização e pensamento crítico. A reflexão sobre o tipo de educação direcionada aos homens negros, em particular, mas também aos *chicanos*, é verdadeiramente interessante.

Os paralelos que vão sendo traçados inspiram um repertório e perspectivas comuns: a morte, a violência, o luto, os altares para os mortos. Amalia reivindica para si, como *chicana*, o conceito de fronteira. Ela implode os significados de alteridade e fronteira para estabelecê-los como agência. bell hooks a segue no entendimento de que isso as conecta à terra e à integridade do espírito.

O livro, que não menciona em nenhum ponto a palavra "interseccionalidade", conclama uma reflexão sobre as experiências de classe: não apenas as delas, como mulheres racializadas da classe trabalhadora em processo de ascensão, mas também aquelas que se estabelecem no interior de suas próprias comunidades, dividindo-as e minando as perspectivas de futuro.

O lar, concebido como esse espaço onde se cultivam possibilidades de agência e estratégias de ação, é também um lugar imaginado por pessoas que foram escravizadas e sofreram inúmeros deslocamentos. Mas foi justamente a imaginação – a capacidade de sonhar outros mundos possíveis – que aproximou e alimentou o projeto político, artístico e intelectual dessas duas mulheres racializadas.

Este livro traz, portanto, mais do que uma contribuição intelectual: seguindo a textura do cotidiano, oferta um arquivo sensível, mas também uma convocação à escuta, à arte, por meio de um passeio pela memória (questão-chave do texto contra os imperialismos culturais e apagamentos) de quem se esforça para sonhar, pensar e criar, confrontando as exclusões e as violências vividas. Que ele encontre leitoras e leitores dispostos a passar um novo café e a reverberar esta obra, alimentando novas alianças, novas insurgências e novas formas de fazer mundo.

Laura Moutinho
Professora livre-docente do Departamento
de Antropologia da USP

Dedico este livro ao espírito imigrante e à coragem de minha mãe e meu pai, Marina Gonzales Mesa e Lawrence Escobedo Mesa

— Amalia Mesa-Bains

Em memória:
Gloria Anzaldúa e Octavia Butler

— bell hooks

PREFÁCIO À NOVA EDIÇÃO*

A imaginação desempenha um papel vital na luta global pela libertação. É a habilidade imaginativa que trazemos para o trabalho criativo que promove, aprimora e sustenta a democracia e a liberdade individual. Aquilo que não podemos imaginar não pode se tornar realidade. Quando vi o trabalho de Amalia Mesa-Bains pela primeira vez, fiquei maravilhada pela maneira como ela reuniu um corpo diverso de materiais para criar uma geografia do coração, mapeando sua própria história de vida. Parte dessa jornada imaginativa vem do movimento migratório de suas e seus antepassados, cuja imigração expressa as esperanças e os sonhos de quem constrói um lar aqui nos Estados Unidos sem jamais esquecer as profundas raízes ancestrais.

Assim como Amalia, comecei minha prática artística centrada tanto em minha ancestralidade quanto em minha terra natal, o Kentucky. Embora Amalia e eu sejamos ambas

* Esta edição inclui os prefácios de bell hooks à primeira e à segunda edição e um posfácio de Amalia Mesa-Bains.

acadêmicas, nossa verdadeira vocação é o mundo da criação artística, principalmente no que tange à conexão da criatividade com a justiça social. A ideia inicial desta conversa com Amalia representou um verdadeiro cruzamento de fronteiras, pois são poucas as conversas entre mulheres latinas e negras. É mais frequente falarmos de nossa relação com a branquitude. Nossa conversa se concentrou prioritariamente em arte e política cultural porque, de novo, trata-se de um âmbito da crítica e da prática raras vezes ocupado por mulheres racializadas. Imagine nossa alegria em falar uma com a outra: que intervenção radical. Intervenções assim só podem acontecer numa democracia que valoriza a liberdade de expressão e a criatividade. Talvez não haja outro momento na história de nossa nação em que precisemos mais desesperadamente destacar e celebrar o papel da imaginação como força transformadora capaz de nos ajudar a criar um mundo onde todas as pessoas, em especial aquelas que migram de países com problemas e vêm para cá construir um lar, possam viver de maneira plena e livre.

– bell hooks

PREFÁCIO

> *O que as mulheres negras podem dizer às mulheres chicanas? Choramos com vocês e queremos cerimônias de reconciliação que conectem nossas deusas e deuses, tecendo novos códices de perdão e triunfo, irmãs do fio de seda de milho e irmãs do inhame. [...] Pedimos às tecelãs de cestos que sonhem com um novo padrão de nossos saberes e amores, capaz de fixar a impermanência permanente de nossas pegadas na areia.*
>
> **M. Jacqui Alexander,**
> ***Pedagogies of Crossing* [Pedagogias do atravessamento]**

bell: *Cultivado em casa: crítica cultural engajada* é o ápice de uma colaboração informal iniciada há quase dez anos, numa época em que havia grande ânimo para questionar a dominação e a hegemonia ocidentais e os preconceitos na educação. Amalia, quando nos conhecemos, as áreas nas quais trabalhamos – crítica cultural, arte, escrita criativa, ensino – passavam por um momento de grande crescimento e transformação, em boa parte devido às intervenções e ao trabalho de pessoas racializadas. E você e eu compartilhávamos a sensação de avanço nas lutas antirracistas e nos movimentos de mulheres. Parecia que os movimentos em que estávamos envolvidas reagiam às pressões para serem menos brancos, menos racistas e menos sexistas.

O que se tornou bem mais difícil desde que nos conhecemos, na década de 1990, é o fato de que grande parte do trabalho e da energia do movimento se viu minada pelo crescente fascismo estatal e pela complacência das pessoas que se beneficiaram dos movimentos por mudanças radicais. Entramos num período de silêncio, censura e violência terrível.

Amalia: Concordo. Vejo um sentimento mais profundo de desesperança em alguns de meus alunos e em algumas de minhas alunas mais jovens, e por um bom motivo: vivemos tempos desesperadores. Mas acho bastante promissora a conversa que você e eu mantivemos ao longo desses anos. Nós nos recusamos a sermos silenciadas ou colocadas uma contra a outra, e o mesmo vale para muitas outras pessoas que trabalham por paz, justiça e compaixão.

bell: Concordo. A gente nomeou o livro como *Cultivado em casa* porque a comida caseira é melhor para a saúde. Esta conversa deveria nutrir outras pessoas. Parte do motivo de termos este diálogo e querermos publicá-lo, em vez de publicar nossos ensaios, é para falar com pessoas que não necessariamente leem ensaios e que não estão necessariamente em instituições acadêmicas, mas que são, ou têm o potencial de ser, "intelectuais orgânicas", pessoas que pensam de maneira crítica e se engajam em trocas dialéticas onde quer que estejam.

Amalia: A expressão "cultivado em casa" também é relevante na criação familiar de nós duas. Quando penso nas *platicas*, ou conversinhas, penso que sempre houve modelos desse tipo de troca na comunidade latina, desde a contação de histórias até os *corridos*, que são canções históricas. Então, por assim dizer, de alguma forma nos vimos nesse modelo cultivado em casa porque ele reverberou dentro de nós, e esperamos que isso também aconteça com as pessoas que pretendemos alcançar.

bell: E por meio de ações como essas, que são formas de ativismo, repudiamos a ideia de que, como trabalhadoras da cultura e intelectuais, estamos em desacordo com o mundo de onde viemos. E concordo com você – neste projeto, estamos refletindo sobre a solidariedade e os laços entre a cultura negra e a cultura latina. O discurso dominante sobre os relacionamentos entre pessoas negras e latinas é muito negativo. Estamos sempre ouvindo que não temos nada em comum.

Amalia: Chegamos a um ponto em que se constroem muitas dessas supostas diferenças precisamente porque há sistemas que se beneficiam da nossa falta de solidariedade em torno de questões como trabalho, imigração, educação e direitos culturais. Tais sistemas estabeleceram a terminologia e a tecnologia dessa divisão há muito tempo. Se você opta por usar o termo "hispânico", por exemplo, sua origem espanhola é privilegiada enquanto a africana e a indígena são neutralizadas. Todas essas conexões são ignoradas, e é sua ausência que nos impede de ver nossas semelhanças, pois nossas diferenças acabam ficando em primeiro plano.

bell: Eu nem acho que a mídia de massa se interesse em nos diferenciar quanto à especificidade de nossas origens culturais. Querem que todas as pessoas racializadas sejam definidas em relação à branquitude. É por isso que sempre se dá atenção às divisões políticas entre as pessoas racializadas. Também é fato que muitas pessoas negras estadunidenses não levantaram a voz para apoiar a educação bilíngue e que muitas pessoas negras estadunidenses conservadoras são adeptas do racismo anti-imigração.

Amalia: E, em cidades como Los Angeles, a mídia reduz complexidades enormes, insinuando que as pessoas negras apoiam um candidato branco que talvez nem sequer seja progressista só porque ele derrotaria um candidato mexicano ou chicano que privilegiaria as pessoas chicanas e excluiria as negras. É só o que a gente escuta. E isso vem acontecendo em muitos lugares onde historicamente pessoas chicanas e negras convivem, se casam e têm trabalhos semelhantes. Vem acontecendo em lugares onde existem comunidades profundas e enraizadas, interligadas e interdependentes.

bell: É justamente por isso que esta conversa já é em si uma forma de ativismo; é nossa resistência à ideia da separação. Temos diferenças, mas o que temos em comum é igualmente forte e representa uma esperança de resistência e liberdade. *Cultivado em casa* é uma expressão, uma declaração e um testemunho dessa solidariedade. É uma negação da ideia falsa de que não existe conexão entre nós.

Amalia: Existe conexão entre nós.

1

FAMÍLIA

bell: Minhas primeiras experiências de infância foram moldadas por crenças fundamentalistas cristãs. Mais do que qualquer outra coisa, elas definiam o que as meninas podiam ou não fazer. Por exemplo: no domingo, as meninas não podiam usar calças, tocar música nem caminhar pelo púlpito. O púlpito era considerado um espaço sagrado no qual uma mulher – de qualquer idade – não podia caminhar, pois ela o profanaria. Na igreja, entre a escola dominical e o culto matinal, eu via um monte de meninos circulando e caminhando pelo púlpito, mas as meninas eram sempre impedidas. Foi uma doutrinação precoce do pensamento sexista.

Amalia: Minha vida familiar foi totalmente moldada pelo catolicismo – uma versão híbrida de catolicismo mexicano e estadunidense, já que incluía padres vindos da Irlanda. Havia uma estranha mistura entre oratória, liturgia e beleza, mas com certeza era fundamentalista. O catolicismo pertencia aos meninos coroinhas. Agora existem meninas coroinhas, mas naquela época não. Então os altares caseiros ou santuários nos quintais, mantidos pelas mulheres, representavam alternativas à norma convencional.

bell: Já a relação da minha mãe com a igreja estava muito conectada com a mobilidade de classe. Ela queria se afastar das reuniões pentecostais em tendas que as pessoas pobres e da classe trabalhadora costumavam frequentar. Queria que a gente pertencesse a uma igreja moderna, e para ela isso significava quietude, nada de gritos ou pulos de alegria. A igreja tinha poder, mas não todo o poder.

Amalia: Era batista, mesmo assim?

bell: Sim, todas as igrejas negras eram batistas, mas mamãe desejava dentro desse contexto ascender socialmente, e isso significava se envolver com uma igreja onde não existisse excesso de gritaria ou liberação emocional. A nossa igreja tinha um dia, o Domingo da Comunhão no primeiro domingo do mês, em que as pessoas podiam dar testemunho e cantar à moda antiga. As pessoas idosas da igreja ainda gritavam, mas gritar era algo que a geração da minha mãe passara a ver como inadequado.

Amalia: Minha mãe também desempenhou um papel fundamental na minha educação católica. Em parte, porque a mãe dela a levou para uma escola católica de freiras e a matriculou como aluna, e nunca voltou para buscá-la. A escola a acolheu como órfã. Por conta disso, minha mãe desenvolveu um relacionamento devocional bastante intenso com a igreja, mas, na época em que nascemos, ela e meu pai usavam métodos contraceptivos. Entre as pessoas daquela geração e origem, isso era quase inédito. E realmente éramos diferentes, pois éramos só meu irmão e eu. Todas as outras pessoas da nossa família, os parentes, tinham cinco ou até dez crianças.

bell: Que nem minha família – seis meninas e um menino! Onde você cresceu?

Amalia: Em Santa Clara, Califórnia. Meu pai veio para cá ainda menino, durante a Revolução Mexicana, por volta de 1917. Havia programas de licença de trabalho não remunerado naquela época, e as pessoas mexicanas iam a Denver e a Pueblo, no Colorado, para trabalhar. Minha mãe atravessou a fronteira com a mãe dela usando um passe com validade de um dia na década de 1920 para fazer trabalho doméstico no lado estadunidense, e as duas acabaram ficando. Por muitos anos não tiveram documentos, depois por fim os conseguiram. Porém, isso significou que, durante um bom tempo, elas viveram em grande isolamento, como é o caso de grande parte das pessoas ilegais – as duas sempre tiveram o cuidado de ficar na delas e não quebrar as regras. Por conta disso, a comunidade delas era bastante circunscrita, exceto pela igreja. Mas, quando minha mãe começou a usar métodos contraceptivos, deixou de poder frequentar os cultos. Então ir à igreja se tornou responsabilidade minha. Eu era uma pequena emissária, ia à igreja e voltava com um relatório. Contava tudo o que acontecia. Guardava os folhetos e o boletim da igreja, recortava as imagens religiosas desses materiais. Eram pinturas religiosas muito famosas, sabe. Na verdade, foram minhas primeiras imagens artísticas.

bell: Eu já escrevi sobre isso. Para muitas pessoas negras da classe trabalhadora nos Estados Unidos, o primeiro contato com a arte se dá pela iconografia religiosa. Na infância, eu via reproduções baratas de Leonardo da Vinci e Michelangelo...

Amalia: Caravaggio...

bell: ... todos esses. Mas não nasci em um meio onde se discutia arte. Nem meus avós nem minha mãe ou meu pai falavam sobre arte ou sobre as imagens que víamos, que eram a justaposição de fotografias de família com a iconografia religiosa – imagens impressas de cenas religiosas, sabe?

Amalia: Nós tínhamos "cartões sagrados" e, às vezes, livrinhos que retratavam a vida dos santos. Essas histórias pareciam novelas para mim. Eram fantásticas! Luzia foi cegada e segurava um pratinho onde levava seus olhos. São Sebastião foi atravessado por flechas. Eram histórias bastante gráficas, físicas e até sexuais. Acho que é por isso que todo mundo as amava. E sempre pensei nos santos como uma grande família estendida, e que, por meio deles, tivéssemos parentesco com Deus, Jesus, Maria e todas aquelas pessoas intrigantes. Essas imagens também faziam parte de um relacionamento com a religião, não com a espiritualidade.

bell: Foi assim que tomei contato com a arte: pensando em imagens religiosas e familiares, e depois na escola pública. Eu estudava em nossa escolinha exclusiva para pessoas negras, onde havia aulas de artes. A sorte daqueles tempos era que todo mundo tinha aulas de artes. Naquela época, isso era normal.

Amalia: Você sentiu que tinha aptidão desde o início, que sabia desenhar bem? Gostava de copiar as imagens? Como descobriu que, para você, a arte era uma prática cultural?

bell: Definitivamente eu não sabia desenhar bem. Queria desenhar bem e fiz aulas, me esforcei muito, mas não tinha um dom. Entre as pessoas negras da classe trabalhadora, te incentivavam se você desenhasse bem.

Amalia: Por isso perguntei sobre sua aptidão, porque foi algo que algumas pessoas da minha família perceberam. Sou da terceira geração de artistas da minha família, do lado paterno. Tem os meus tios-avós, meus tios, e na minha geração umas cinco ou seis pessoas. A geração depois da nossa conta com ainda mais artistas. E eu tinha uma aptidão, um dom. Viram isso de cara e me incentivaram. Meu pai tinha um irmão e um tio talentosos, que faziam coisas, então ele sabia que eu seria artista. É por isso que apoiaram meu trabalho, ainda que não achassem que se tornaria um emprego ou um modo de vida.

bell: Meu pai tinha um primo idoso de primeiro grau em Chicago que pintava a óleo retratos obscuros de mulheres nuas. Foi o primeiro artista que conheci, meu primo Schuyler – até o nome dele era exótico. E, quando eu era adolescente, meu pai e minha mãe me deixaram ir a Chicago e eu vi as obras dele. Fiquei chocada, porque todas tinham nudez!

Amalia: O que o restante da família dizia?

bell: Achavam a prática artística dele estranha. Achavam que o fato de ele pintar e se enxergar como artista era um disfarce para a preguiça. Ele usava boina e passava o tempo sozinho num estúdio no porão, sonhando e fazendo arte.

Amalia: Era um boêmio.

bell: Total. Ele reforçou meu interesse pela arte, mesmo que eu não desenhasse bem. Schuyler incentivou essa paixão, assim como meu professor de artes do ensino médio, o sr. Harrell. Escrevi bastante sobre meu professor de artes do ensino médio, porque ele de fato me incentivou. Ele me via como uma artista em potencial, exibia meus trabalhos e me dava prêmios. Minha mãe e meu pai se opunham a esse interesse, porque a gente não tinha dinheiro para luxos. Eu só podia pintar durante o período escolar, usando os materiais da escola. Eu quis inscrever uma das minhas pinturas numa mostra de arte, mas para isso precisava emoldurá-la. Minha mãe e meu pai disseram: "Desculpa, não vai dar, não somos feitos de dinheiro e não achamos que isso seja uma necessidade." Eu tinha pintado um retrato bem primitivo de um menininho. Minha mãe e meu pai não conseguiam enxergar aquilo como arte. Não era...

Amalia: Representativo o suficiente?

bell: O mundo da arte abstrata era estranho para eles. Meu professor de artes me ajudou a encontrar uns pedaços de madeira, e nós fizemos uma moldura simples para que minha pintura pudesse participar da mostra. Lembro do meu quadro pendurado na mostra. Minha mãe e meu pai ficaram orgulhosos por eu conquistar o terceiro lugar, mas isso não significava que apoiavam meu desejo de fazer arte.

Amalia: Como fazer arte era parte da minha família, eles estavam dispostos a se comprometer com o que pudessem pagar. Quando eu era bem pequena, com uns 7 ou 8 anos, tinha uma varanda no fundo de casa onde ficava o cachorro e uma máquina de lavar, do tipo que se aciona com uma manivela. Eles montaram um cavalete pequeno lá. Nessa época, meu pai não trabalhava mais na indústria de conservas, acho que trabalhava num mercado. Acabava conhecendo gente que frequentava o lugar, então ia ao açougue e comprava rolos de papel de açougueiro. Ao chegar em casa, punha pedras sobre o papel para esticá-lo, e aquelas folhas se tornavam meu papel de arte. Quando eu estava no ensino médio, compraram um *kit* de pintura para mim, bem caro, portanto isso foi uma grande coisa. Mesmo naquela época eu entendia que a arte é como uma porta que pode levar à liberdade. Às vezes, as pessoas tentam manter a porta fechada, e você precisa bater forte para entrar. Às vezes, te empurram porta adentro porque têm certeza de que você tem que entrar.

Infelizmente, no ensino médio, eu não me dava bem com as professoras e os professores de artes, porque queriam que eu fizesse as coisas de um jeito específico, e eu não queria. Lembro com clareza que um professor riscou um desenho meu para mostrar como eu deveria fazê-lo da maneira correta. Eu rasguei a folha e saí da sala de aula. Claro que fui mandada para a coordenação por desrespeitar o professor, e eu insistia: "Mas ele é que me desrespeitou, ele riscou meu desenho." Ninguém pensava que eu tinha esse tipo de autoria ainda, o desenho não era meu.

bell: Já meu professor de artes do ensino médio era um imigrante italiano. Ele entendia o que significava ser um *outsider*.

Amalia: Um professor branco numa escola exclusiva para pessoas negras?

bell: Estudei em escolas exclusivas para pessoas negras até o nono ano. Quando frequentei aulas de artes em escolas dessegregadas, havia cavaletes. A maioria dos professores brancos era racista, mas nosso professor de artes do ensino médio era cosmopolita. Ele usava roupa preta, essa é uma das coisas que lembro. Olhando para trás, percebo agora que ele, assim como meu primo Schuyler, era quase a caricatura de um artista. Mas, como ele era a pessoa mais cosmopolita que eu tinha conhecido na vida, associei aquilo tudo à arte: liberdade e um modo independente de pensamento e de vida.

A aula de artes era o único espaço durante o ensino médio onde eu me sentia livre da obrigação de ser a estudante negra perfeita, sempre inteligente e exaltando minha raça. Na aula de artes, eu podia ser o que eu quisesse. Ele enfatizava que a gente poderia ser o que quisesse. Uma de suas tarefas consistiu em que cada estudante escolhesse uma pessoa artista para analisar e então tentasse pintar de acordo com sua tradição. Na aula, aprendi sobre Willem de Kooning e escolhi basear o meu trabalho no dele. Um tempo depois, descobri que outras pessoas negras tiveram esse mesmo tipo de relação com o trabalho de Kooning e tentei pensar por que isso se dava, seriam as cores que ele escolhia? Ele usava bastante os tons escuros.

Amalia: Ou o fato de que ele, como muitos modernistas quase contemporâneos, estudou de verdade arte africana e a arte de outras partes do mundo e realmente as integrou, e esses gestos podem ser vistos nas pinturas deles.

bell: Com certeza, mas, apesar do apoio e das intervenções do meu professor de artes, ele era visto como meio suspeito. Ele não era sulista, e isso o diferenciava ainda mais do restante do corpo docente. No ensino médio, eu queria entrar nesse novo mundo com todas as forças, e minha mãe e meu pai disseram: "De jeito nenhum. Como você vai ganhar dinheiro?"

Amalia: Na época em que saí de casa para ir à faculdade, minha mãe e meu pai já sabiam que eu seria artista, mas não queriam que eu sofresse, então a gente fez um acordo. Eu concordei em estudar arte comercial, que estava muito "na moda" no início dos anos 1960. Aí, quando ninguém estava olhando, mudei para pintura. Acho que só perceberam quando me formei. O curso de fato não me preparou para nenhum tipo de subsistência, pelo menos naquela época. Mas me abriu um mundo inteiro de pessoas que eram diferentes.

bell: Onde foi isso, Amalia?

Amalia: Na Universidade Estadual de San Jose. Primeiro estudei numa faculdade técnica* por dois anos, depois fui para a San Jose. Era um lugar muito maluco e boêmio e não tinha pessoas mexicanas, exceto por mim, talvez. Na época, contava com 20 mil estudantes, e a escola tinha um sistema grego, com muitas fraternidades e sororidades que eram bem, mas bem brancas.

bell: Antes de ir a Stanford, estudei numa faculdade de mulheres brancas no centro-oeste dos Estados Unidos. E lá, um pouco da depressão que senti nos meus anos de ensino médio, a depressão suicida, se instalou. A questão era ser uma *outsider* e saber que eu não me encaixava ali. Mas minha mãe e meu pai ficaram muito satisfeitos com essa faculdade porque era cheia de regras.

Amalia: Eles gostavam de controle social.

bell: Além disso, ganhei uma bolsa, e eles podiam me levar lá de carro. De certa forma, era como se fosse uma escola de

---

* *Junior college*, em inglês: instituição de ensino superior que oferece cursos preparatórios de dois anos para universidades de quatro anos. [N. da E.]

etiqueta. Não existia a obrigação de fazer aula de artes, mas, se você demonstrasse interesse, podia ter um cavalete e pintar. Então, eu sempre tive meu próprio cavalete e ia para o estúdio pintar. Só que no meio acadêmico todas as pessoas naquele mundo eram homens brancos, e nessa faculdade de mulheres era a mesma coisa. A arte continuava sendo um mundo branco e hegemônico. Então comecei a me envolver com teatro também. Você disse que as iniciativas artísticas – sejam elas teatro, artes visuais ou escrita criativa – davam espaço para pessoas racializadas sermos nós mesmas. De muitas maneiras, esses espaços atraíam as pessoas brancas que eram *outsiders* e que não se encaixavam.

Amalia: Enquanto você falava, fiquei pensando em como eu não me encaixava nem com pessoas mexicanas! Primeiro, porque sou de uma família pequena e as pessoas estranham. Segundo, meu primeiro nome é Maxine – Amalia é meu nome do meio. Maxine? Que nome é esse? Não é um nome mexicano. É por causa das Andrews Sisters? De Maxmiliano e Carlota?* O que é?

bell: O que sua mãe estava pensando, Amalia?

Amalia: Ela disse que lembrava o nome de uma estrela de cinema: "Maxine Mesa". E, nas décadas de 1930 e 1940 – eu nasci em 1943 –, as pessoas mexicanas viam o boxe e o cinema como uma saída. Em relação a meninas mexicanas

* Andrews Sisters: grupo vocal estadunidense dos anos 1930-50 formado por três irmãs: LaVerne Sophie, Maxene Angelyn e Patricia Marie Andrews; Maxmiliano e Carlota: o austríaco Maximiliano de Habsburgo, casado com Carlota, foi imperador no México de 1864 a 1867. [N. da E.]

como eu, eu chamava isso de "fenômeno Dolores Del Río". Tantos anos depois, essas imagens e entidades são primordiais em minha arte, porque vieram da minha mãe e me davam ideias sobre quem eu viria a ser. Então "Maxine Mesa" se tornaria uma estrela de cinema.

E aí, outra marca contra mim – eles não furaram minhas orelhas. Não quiseram saber de furos. Quando eu era criança, nunca conheci uma mexicana que não tivesse as orelhas furadas, exceto eu.

bell: Mas e aí, o que isso significa?

Amalia: Não sei. Ninguém nunca me contou. Aí furei as orelhas quando tinha 18 anos.

bell: Minha mãe e meu pai eram muito contra furar orelha. Mas a gente queria demais.

Amalia: Bom, os primeiros brincos que as meninas mexicanas usam quando bebês são pequenas cruzes. Olhando para trás, fica muito nítido que alguém já tinha decidido que eu não seria como as outras mexicanas. E, conforme fui ficando mais velha, sinto que me posicionei num espaço no qual eu não era "mexicana", porém nunca poderia ser "branca". Agora sei o termo para isso: o *interestus*, ou o espaço entre dois espaços. Então todas as colegas com quem eu andava no ensino médio eram as meninas brancas muito populares. Mas, nos fins de semana e em casa, minhas amizades eram crianças mexicanas indiretamente relacionadas à minha família por meio do *compradazco*, ou apadrinhamento. Eram as crianças que minha mãe e meu pai ajudaram a batizar, e todas me conheciam.

bell: Por ser vista como diferente e estranha em casa, eu sofria abuso emocional e às vezes apanhava de cinto.

Amalia: E sua mãe e seu pai faziam isso porque temiam que, se não aprendesse a se comportar, as coisas seriam piores para você?

bell: Com certeza. Aí a única maneira de escapar da censura era ser talentosa e ganhar a aprovação deles em alguma coisa. Então me dediquei bastante a atuação e debate e ganhei muitos prêmios. Eu pintava, fazia teatro, integrava a equipe de debate e também era "CDF". E, devido a aspirações de classe da minha mãe – ela não queria ser caipira que nem a mãe dela –, eu tinha aulas de piano e órgão. Eu ia ser uma pessoa talentosa e cheia de dons em todas as áreas. Sabia boas maneiras e etiqueta. Sinto que fiz parte de uma onda de pessoas negras da classe trabalhadora que estavam começando a se integrar ao sistema educacional estadunidense, e nossas mães e nossos pais tinham determinado que seríamos as melhores em tudo.

Amalia: De certa forma, parece o "décimo talentoso"*.

bell: Algo assim. A ideia de "ascensão racial" certamente fez parte do que impulsionava a mim e minhas amizades da vizinhança para a frente. Por isso, sempre acho graça

---

* *Talented tenth*, em inglês. Conceito de W.E.B. Du Bois, que acredita que 10% da população negra, composta dos indivíduos mais talentosos e educados, seria responsável por liderar e elevar toda a comunidade negra por meio de sua excelência acadêmica e moral. Esse grupo, segundo Du Bois, teria a capacidade de desafiar o racismo e as desigualdades sociais, tornando-se líderes e modelos para o progresso racial. [N. da T.]

quando as pessoas pensam que foi o feminismo contemporâneo que fez de mim quem eu sou. Eu me tornei quem sou pela minha recusa em aceitar o patriarcado *quando menina* e porque testemunhei a resistência da minha mãe.

É irônico: por um lado, minha mãe não terminou o ensino médio, teve seis filhas e lidou com muitas gestações "não escolhidas", que considero serem bem diferentes de gestações "indesejadas". Como diversas mulheres da década de 1950, ela aceitou essas gestações não escolhidas e todas as crianças que teve se tornaram desejadas. Mesmo assim, seu foco ao criar as filhas consistia em não engravidarem antes do casamento e em correr atrás da educação. Meu pai dizia a ela – e a nós – que educação demais tornava as mulheres indesejáveis. A mensagem dele era: "você não vai arrumar marido" e "você vai ser muito cheia de vontades". De fato, muitas das surras que meu pai me deu foram para destruir minhas vontades. Quando percebi que eu teria que resistir a essa dominação de todas as formas, começou minha resistência feminista.

Ao contrário da pressuposição de que feminismo e negritude não combinam, minha resistência ao gênero começou no coração da experiência negra, no coração do patriarcado. Mesmo assim, muitas pessoas querem ver a experiência negra como não patriarcal. Elas se empolgaram com o foco nas famílias chefiadas por mães solo e não conseguem reconhecer que essas famílias podem ser tão patriarcais quanto lares com uma mãe e um pai! Também apagam o fato de que, na comunidade negra tradicional, quando as pessoas negras eram cidadãs do "novo mundo" antes da escravização, e depois dela, poucas casas não contavam com um homem adulto como figura de autoridade. Podia ser um tio, um irmão, um avô, um amigo ou um amante, mas a ideia de que existem todos esses lares sem nenhum homem, de que existem todos esses impérios chefiados por mulheres, é uma ficção, e uma ficção da modernidade. Mas é óbvio que a criação de conjuntos governamentais de habitação criou comunidades onde a presença de homens adultos não era bem-vinda.

Amalia: As leis de assistência social impediam que os homens estivessem presentes legalmente.

bell: Exato. O estado oferecia moradia para as mulheres, mas ameaçava tirá-la caso houvesse um homem adulto presente! Eis aí um exemplo do estado patriarcal supremacista branco exilando homens negros. Antes dos conjuntos de habitação comunitária para famílias chefiadas por mulheres, sempre havia homens adultos presentes atuando como figuras de autoridade. Por ter crescido num contexto patriarcal cristão, percebi muito cedo, ainda menina, que teria que me definir em resistência ao patriarcado. É importante apontar que o feminismo não passou a existir simplesmente porque as pessoas inventaram a palavra "feminismo". Os movimentos sociais contra a injustiça surgem muito antes de serem nomeados. Em qualquer situação em que as mulheres resistiam ao patriarcado, o feminismo estava presente, muito antes de as mulheres se unirem e se organizarem em torno dessa palavra específica.

Amalia: Penso da mesma forma. Talvez as mulheres não articulassem seus objetivos de equidade para si mesmas da mesma forma antes do movimento, mas sempre houve ações feministas e sempre houve feministas.

Veja Emma Tenayuca, por exemplo, que estava na casa dos 20 anos quando liderou uma greve de descascadoras de nozes-pecã mexicano-estadunidenses em San Antonio,

Texas, em 1936: a greve da organização Workers Alliance se tornou um evento-chave na libertação política de pessoas mexicano-estadunidenses em San Antonio. E Luisa Moreno e Josefina Fierro de Bright foram lideranças da United Cannery, Agricultural Packing and Allied Workers [Sindicato Estadunidense de Trabalhadores da Indústria de Conserva, Embalagens e Aliados], em Los Angeles, em 1940. As duas fundaram o Congresso de Povos Falantes de Espanhol* e atuaram junto a trabalhadoras do setor de vestuário. (Moreno era de uma família bem rica na Guatemala, mas veio para os Estados Unidos ainda jovem.) Apesar de essas mulheres terem contribuído imensamente, acabaram sendo deportadas durante o movimento de repatriação mexicana. Na verdade, cerca de 500 mil pessoas mexicano-estadunidenses – mais da metade com cidadania estadunidense – foram deportadas para o México ou perseguidas até a morte na era McCarthy por trabalharem por objetivos coletivos ou representarem o "comunismo".

Como chicana, sempre vi essas mulheres inseridas numa genealogia do feminismo que me é relevante. E, quando jovem, eu não tinha a menor relação com o feminismo branco. Eu me formei na faculdade em 1966, então no final da década de 1960 estava envolvida com o movimento chicano, que, para mim, precedeu o feminismo. Durante a década de 1970, vivenciei o empoderamento das mulheres e observei quem assumiu o controle de alguns elementos do movimento, mesmo que as questões das mulheres e o patriarcado fossem com frequência submersas sob a bandeira da unidade.

* El Congreso de Pueblos de Habla Española, no original: nos anos 1930 e 1940, coalizão de ativistas trabalhistas e de direitos civis latinos com sede na Califórnia. [N. da E.]

Eu escrevi sobre essa "tensão doméstica" entre filhas e nossas mães, avós, madrinhas ou tias. Elas criaram mundos dentro de mundos – espaços dedicados às mulheres dentro da casa. A cozinha da minha infância era assim. Minha mãe, minha tia, minha avó, minha madrinha e minhas primas criaram um mundo onde falavam sobre homens, ou sobre o que precisavam fazer por nós como crianças. Pareciam ter estabelecido uma aliança, saber que por vezes estavam em desacordo com os homens de nossa família. Assim, ainda que existisse resistência, ela nunca era direta.

Aquela comunidade criou um senso de pertencimento que eu desejava, mas com o qual sabia que teria que romper. Porque se esperava sempre que, como mulheres, deveríamos resistir em silêncio, e eu não queria resistir de maneira silenciosa! Então cheguei a um ponto em que não conseguia mais agir como aquelas mulheres que me amaram, me criaram e me deram a noção de quem eu era.

bell: Essa separação se manifesta de muitas maneiras. Quando mergulhei no trabalho intelectual, havia uma tensão entre isso e meu interesse por preocupações femininas tradicionais – eu gostava de roupas e de ser "bonita", além de inteligente. Eu sentia que podia ser uma mulher completa, sensual e feminina, e ainda assim ser respeitada pela minha inteligência. Aos 18 e 19 anos, eu não sabia que ter uma aparência feminina, tentar ser glamorosa, tornava alguém suspeita no mundo acadêmico. As mulheres brancas inseridas nas estruturas educacionais não tentavam ser lindas ou sensuais.

Amalia: Sei exatamente do que você está falando. Já chegaram a me perguntar se eu não via uma contradição entre minhas roupas bastante femininas, a preocupação com a beleza e o meu ativismo em torno do feminismo e de questões de classe. Eu sempre digo que na cultura mexicana se dá à beleza uma consideração real. Se você vem de aldeias pobres do México ou se sua família é de lá, consegue ver isso na forma como as pessoas empilham as frutas nas bancas ou na forma como penduram sacolas plásticas coloridas. Elas aproveitam toda oportunidade que têm para criar beleza: cada coisa tem seu lugar, e esse lugar é decidido de maneira bem pensada. Não é acidental, é feito de maneira muito consciente. Cresci com essa herança cultural, portanto não tinha como me ver de outra forma. Como artista, estendo minha estética a todas as escolhas que faço na vida: a comida que como, o prato onde sirvo a comida, as roupas que visto. Então sei do que você está falando. Chega um momento em que nosso desejo de ser ativista e militante pode entrar em conflito com as roupas que vestimos ou até mesmo os carros que dirigimos. Em algum momento, podem fazer perguntas. É por isso que a palavra "tensão" é tão importante para mim – às vezes sinto que as contradições não podem ser de fato resolvidas.

bell: Para as mulheres negras, as contradições em nossa relação com a beleza estão enraizadas na experiência da escravização e em nossa vida na cultura supremacista branca. As pessoas escravizadas não trabalhavam nas casas de gente branca pobre; trabalhavam nas casas de gente branca rica. E, se você visitar qualquer uma das *plantations** que restaram, vai ver que as mulheres nesses ambientes, principalmente as mulheres brancas da classe dominante, se preocupavam com a estética. Queriam adquirir as

* Sistema de exploração colonial escravista patriarcal nas Américas. As *plantations* eram latifúndios de monocultura comandados por escravistas. [N. da T.]

melhores antiguidades e as coisas que eram populares naquela época, fosse um conjunto de chá de prata ou um tipo específico de linho ou bordado.

O gosto de pessoas como minhas bisavós e a mãe da minha mãe com certeza foi moldado pela exposição que tiveram a tais coisas ao trabalhar nessas casas. Minha obsessão por tecidos e fibras foi cultivada na infância por Sarah Oldham, minha avó materna. Ela confeccionava colchas com perfeição, conhecia como ninguém as diferenças entre algodões e sedas. Tamanha atenção aos detalhes pode ter vindo da experiência dela como cuidadora e criadora de cultura doméstica, e da beleza dessa cultura. Porque todo mundo sabe que, se a prata era polida, não era polida pela sinhazinha! Era polida pela empregada, que desenvolveu um corpo de conhecimentos sobre objetos, objetos estéticos.

Consequentemente, minha avó – uma mulher que não sabia ler nem escrever – queria que eu entendesse as diferenças entre uma antiguidade do século XVIII e uma do século XIX, e que eu compreendesse todas as coisas que ela aprendeu trabalhando para as classes dominantes brancas.

Amalia: Escutando você, fiquei pensando na minha mãe. Ela trabalhava para uma família muito rica no sul da Califórnia e tomava conta do filho pequeno deles. Cuidava dele de verdade, provavelmente muito mais do que a mãe e o pai. Mas o primeiro emprego dela com essa família foi como empregada doméstica. Ela tinha uns 14 anos e procurou uma agência de empregos. Perguntaram se ela já tinha limpado casas – ela disse que sim, que sabia limpar e era ótima nisso. A mulher estava dando uma festa naquela noite e puseram minha mãe para trabalhar na mesma hora. A mulher gostou da minha mãe. Aí, no segundo ou terceiro dia em que estava lá, minha mãe limpou uma cadeira antiga, achando que estava suja porque tinha manchas e marcas ao redor dos entalhes. Ela atacou a cadeira com todos os tipos de poções de limpeza e, quando a mulher viu, minha mãe já tinha praticamente tirado toda a tinta.

Isso foi nos primeiros tempos da minha mãe naquele mundo, e só quando eu já era bem mais velha, percebi que jogos de mesa e guardanapos de pano não eram a norma para a maioria das pessoas da classe trabalhadora! Minha voz estética nasceu de uma casa onde minha mãe passou seus anos de formação vivendo entre pessoas ricas e lidando com itens caríssimos. E também da igreja. Esse é outro espaço onde minhas disposições estéticas foram altamente desenvolvidas.

bell: Outra parte importante desse tipo de relacionamento com a beleza era o relacionamento com as cores e a natureza. Minha avó era uma ótima jardineira – a frente da casa era dedicada às flores, e os fundos, à horta. Havia todo um universo de cores na natureza. Os tomates eram de um vermelho tão lindo; os delfínios tão estupendamente azuis. Tem uma passagem maravilhosa em *O olho mais azul*, de Toni Morrison, em que ela fala do sul dos Estados Unidos e do contraste com o norte industrializado. Ela descreve o sul como um lugar cheio de cor onde se vê e se vivencia tudo de maneira mais vívida; existe uma exuberância na cor. Esse mundo de beleza natural do sul moldou a construção da minha estética. Colher as uvas de nossas videiras para minha avó fazer vinho, o roxo escuro das uvas e a cor do vinho. Lembro que a gente se encantava com as cores: a cor das pimentas que ela cultivava, amarrava e pendurava. Foi onde adquiri uma compreensão da natureza como o lugar que nos dá base e renovação espiritual, e onde aprendi a valorizar o meio ambiente e a entender que eu era definida – em parte – pelo meu relacionamento com a terra.

Por outro lado, Rosa Bell, minha mãe, representava a tirania da modernidade – a abordagem dela era se livrar da natureza. "Ponha umas cortinas para esconder as árvores." "Jogue tudo fora para ter uma vida nova e moderna." "Livre--se dos móveis antigos, das colchas, o negócio é coisa nova." "Cubra de plástico o seu sofá novo." A estética da minha mãe foi moldada por revistas para mulheres que promoviam uma ortodoxia do que mulheres deveriam vestir e comprar. Havia tensão e conflito entre o mundo em que minha avó nos conduziu e o mundo que minha mãe desejava criar. Um deles tinha a ver com ancestrais, memória e passado; o outro tinha a ver com o presente, o novo e o descartável. Naquele mundo, esquecer se tornou um rito de passagem.

Amalia: Isso é uma perda tremenda, porque são essas coisas que nos unem ao longo do tempo, o processo de juntar as coisas é quase como criar uma memória. Na década de 1950, quando sua mãe lia essas revistas, eu estava tentando descobrir como ser uma adolescente estadunidense branca, mesmo não sendo uma. Uma das minhas salvações foi que minha mãe sabia costurar. Sempre lutei com meu peso quando criança – eu não era muito gorda, mas também não era uma criança magra, e já naquela época a magreza começava a se tornar a preferência. Minha mãe conseguia interpretar a moda e costurar roupas para mim com tecidos que ela coletava, então enquanto as outras meninas usavam uns casaquinhos Chesterfield, eu tinha um "casaco de biscoito", inspirado numa imagem da Dior que minha mãe vira. Ela fez o casaco juntando diferentes tecidos. Era muito grande e largo, e o acabamento dos punhos e da gola era enrolado à mão. Era aberto no meio e tinha lapela dobrada, e a única coisa que o mantinha fechado eram dois botões do tamanho de biscoitos bem grandes, então minhas amizades o apelidaram de "casaco de biscoito".

De alguma forma, minha mãe teve a coragem de sentir que eu poderia ser diferente, e que ela me ajudaria a ser diferente. Sempre achei que era porque não tínhamos dinheiro suficiente para que eu tivesse as roupas que as outras crianças tinham, mas talvez costurar tenha sido a maneira de ela se expressar e vivenciar a moda, o estilo e a beleza. Eu apenas me beneficiava do seu trabalho.

bell: Era o extremo oposto da minha mãe, que tinha menos poder em casa do que a mãe dela teve – minha avó era uma imperatriz da domesticidade, da criatividade. No mundo agrícola, o foco é o cultivo e a produção de alimentos. O poder da minha avó brotava das coisas que ela cultivava. Minha mãe deu as costas para isso, sentia que meu pai representava uma nova geração. Como resultado, tinha muito menos poder do que minha avó.

Meu pai foi um soldado de infantaria negro que combateu na Segunda Guerra Mundial. Ele fez parte do primeiro grupo de homens negros pobres, de homens negros da classe trabalhadora, que viajaram pelo mundo. Foram a Paris, Londres e Alemanha. Isso marcou o início da relação de muitas pessoas negras com seus lugares de origem, porque os homens que voltassem daquela guerra estariam no comando. Papai não queria que nossa mãe trabalhasse. Ele queria que ela fosse uma madame, "do lar", uma imitação da feminilidade branca.

A década de 1950 representou um ponto de virada. Até aquele momento, creio que a maioria das mulheres negras, principalmente as pobres e da classe trabalhadora, não tentava imitar a feminilidade branca. As mulheres negras da geração de minha avó desprezavam as mulheres brancas, vendo-as como frágeis e inúteis. Como aquelas mulheres negras eram deusas domésticas em lares brancos – eram elas que faziam tudo acontecer –, viam as mulheres brancas como bonecas, como se não fossem reais. E daí surgiu o dito popular que foi passado adiante por mulheres negras, minha tia, tia-avó, pessoas que trabalhavam como empregadas domésticas: "Nunca conheci uma mulher branca com mais de 12 anos que eu pudesse respeitar".

Amalia: Minha mãe me contava coisas muito peculiares sobre as pessoas brancas quando nós éramos jovens. Se eu fosse à casa de alguém branco, ela dizia: "Em primeiro lugar, não peça feijão. Lá não vai ter tortilhas. Lembre o que eu expliquei sobre os talheres. E não diga nada se a casa tiver um cheiro esquisito." Ela sempre achou que as casas de gente branca teriam um cheiro esquisito para a gente, e acho que ela queria dizer que não teria o cheiro de comidas familiares, teria um cheiro diferente. Também presumia que eu não teria de fazer algumas coisas por lá, o que nunca aconteceu, porque de maneira geral eu visitava pessoas brancas da classe média – e as observações de minha mãe vinham de relacionamentos que teve com pessoas cujas vidas ela conhecia na intimidade, por cuidar de tudo para elas.

bell: Você mencionou algo crucial em relação à estética de pessoas racializadas pobres e destituídas de direitos. Historicamente, existe a ideia de que branquitude é beleza. Hoje, muitas pessoas racializadas têm uma certa fantasia sobre a branquitude. Quando saí de casa para estudar em Stanford, preciso admitir que compartilhava dessa fantasia. Mas eu estava a um mundo de distância do sul, e quando visitava as casas de pessoas brancas ricas ou de classe alta, eram todas sujas. O contraste era imenso entre a realidade e as ideias de branquitude que minha mãe – tão influenciada por revistas e pela alta cultura – tinha na cabeça. Assim como sua mãe, minha mãe trabalhava como empregada doméstica para pessoas brancas endinheiradas que tinham consciência do próprio *status*. Ela não tinha nenhuma concepção de um tipo de cultura branca privilegiada desleixada, em que tudo era sujo e fedorento e ninguém estava nem aí. No início, uma das questões que eu tive com o movimento feminista dominante era o seu completo desdém pela beleza.

Amalia: Essas ideias ainda são bastante dominantes no mundo da arte, e não são defendidas apenas por feministas. Qualquer pessoa artista que busque fazer um trabalho com elementos focados na beleza, em vez de na ironia ou na paródia, é vista com desconfiança.

bell: E quem poderia imaginar que existiria tensão ou conflito entre ser uma artista pensante e ser engajada na prática de produzir beleza! Até quando eu tinha 19 anos e estava escrevendo meu primeiro livro feminista, obcecada pelo feminismo, as pessoas vinham me visitar e ficavam chocadas por eu também ser obcecada pela beleza do meu ambiente doméstico. Eu era esse tipo de pessoa, uma moça sem dinheiro que sempre acreditou que podia ter coisas bonitas. Pobre ou não, ia ter meu casaco de *cashmere*, só que seria um casaco de *cashmere vintage* de segunda mão caçado de forma implacável no brechó. E, óbvio, eu não poderia estar num momento histórico melhor – na década de 1960, os brechós estavam na moda!

Amalia: A cultura negra contribuiu demais para a moda e o estilo nos Estados Unidos. No passado, nossa estética era informada por um senso de inovação e desafio à norma. A moda de rua era algo que as outras pessoas uma hora acabavam copiando e aí a gente a descartava: quando os outros descobriam como fazer, acabava nosso interesse.

Pensei nisso outro dia, olhando imagens de pinturas de castas no México. Cinquenta e três categorias raciais eram retratadas. Era como o mundo do *apartheid*, onde se determinava quais raças tinham sido misturadas, em combinações entre africanos, indígenas e europeus. E, como havia regras acompanhando os códigos de vestimentas, as pinturas de castas mostravam um homem, uma mulher e uma criança, embora às vezes pudessem mostrar duas mulheres. Uma das mais famosas mostra uma mulher branca espanhola e uma mulher africana lado a lado em trajes quase idênticos, com a diferença que as mulheres de ascendência africana, no México daquela época, sob o domínio colonial espanhol, eram proibidas de usar certos elementos que de alguma forma imitassem a classe dominante. Elas não podiam usar renda nem joias de ouro e, depois, quando surgiram os pequenos relógios de bolso, também não podiam usá-los. Há histórias de mulheres chamadas de "mulatas" que usavam metros e metros de renda e costuravam seis ou sete relógios nas saias. Então elas estavam constantemente, mesmo naquele período de violência e brutalidade, desafiando os ditames sobre a pele por meio da subversão das normas de vestimenta e estilo.

bell: Penso nisso agora, quando vejo jovens na rua e percebo que a inovação, a rebeldia, a capacidade de superar barreiras – porque na vida negra estadunidense o estilo vem constituindo ao longo do tempo uma expressão revolucionária de moda – agora está em perigo. Mas frequentemente debato comigo mesma a diferença entre estilo e estética, porque acho que muitas pessoas negras jovens se interessam por estilo, principalmente em relação a vestimenta ou música, mas não por uma estética holística, principalmente em relação ao ambiente. Eu me vejo como alguém obcecada por estilo – digo que minha lápide vai trazer os dizeres "morri pelo estilo" – mas ao mesmo tempo o estilo é apenas um componente da minha estética.

Amalia: Gostaria que no processo de consumo de estilo pudesse existir o consumo de uma sensibilidade estética, mas as duas coisas parecem não andar juntas. E em parte isso se deve à enorme influência que a mídia exerce sobre o consumo. Há uma pressão constante para que as pessoas consumam, mas em nenhum momento desse processo somos de fato livres para tomar decisões estéticas – o que está sendo comercializado para nós na realidade são produtos que vão nos levar a outros produtos que vão nos levar a outros produtos.

bell: Exatamente. Então creio que a ideia de inovação, a ideia de que você pode pegar um produto e alterá-lo completamente de acordo com sua própria sensibilidade, está morrendo. No meu trabalho, é o que eu chamo de "consciência oposicional" – quando, em vez de ceder à dominação cultural, você, em certo sentido, engana a dominação cultural, dizendo: "seguimos com o projeto de nossa própria humanização diante da colonização, diante de um mundo que deseja colonizar nossa mente". É por isso que existia uma diferença nítida entre a noção de poder, poder feminino, e de poder contra a branquitude na casa da minha avó e na nossa casa, que constituía a epítome da invasão de uma espécie de dominação patriarcal e que abraçava uma estética branca colonizadora.

Amalia: Quando Tommy Hilfiger chegou e usurpou o reino da moda hip-hop, a inovação acabou. Se um homem branco descobre como se faz uma coisa, sabe, pode esquecer todos os outros Sean "Puffy" Combs ou qualquer um que apareça. Agora já era. Já foi consumido, apropriado e revendido. Antes o que acontecia era que primeiro surgia um estilo de rua bem distinto, aí os estilistas o observavam e o traduziam, mas nunca tentavam vendê-lo de volta para as ruas.

bell: A resistência da rua dizia: "Como você ousa tentar vender essa apropriação de volta para mim?" A rua desafiava a apropriação na mesma hora, criando algo novo. Mas agora as pessoas não querem mais cortar nem a etiqueta, nem qualquer outra conexão com a Hilfiger ou a Versace. Esse apagamento da criatividade, essa recolonização da imaginação, cria manequins. Tudo vira parte de uma nova economia de *plantation*, portanto o corpo negro se torna o manequim no qual são encenadas as fantasias brancas de outridade.

Amalia: E é uma extensão também da mercantilização da identidade, do lucro com as lutas originais que nos influenciaram de maneira tão poderosa: o movimento feminista, o movimento chicano, o Black Power. Eram movimentos reais e engajados, às vezes violentos, com frequência perigosos, nem sempre compreendidos pela geração anterior à nossa. Mas foram momentos reais de luta que geraram determinadas direções e comportamentos, e apesar de haver uma certa afetação de estilo mesmo naquela época, a luta por uma estética própria era mais dominante do que o estilo. O que existe agora é a mercantilização das identidades racializadas como ferramentas de consumo. E certos corpos e imagens racializadas se veem associados à ideia de "modernidade", de tendência descolada, de ousadia. Então, todos os tipos de jovens no mundo inteiro começam a se apropriar desse estilo como uma maneira, de certa forma, de se opor à autoridade, declarar a própria rebeldia e desejar ser considerado importante. Então temos um Eminem, por exemplo, que assume a manifestação da negritude, do seu estilo, sua linguagem e seu corpo, mas ainda assim usa linguagem homofóbica e misógina.

bell: E linguagem racista. Por aí você já sabe que não passa de estilo e não está ancorado de forma alguma em nenhum conhecimento crítico do que significa ser negro. Ou, por extensão, eles são tão pouco criativos que se tornam facilmente adaptáveis. Por exemplo, hoje podemos dizer, bom, está aqui um menino branco que toca blues, e é o mesmo blues. Você remove a psico-história complexa do blues, e quem ouve esquece que não é só uma questão de tocar um instrumento e cantar de certa forma, mas que o blues carrega consigo todo um *éthos* de cultura e experiência. Você retira o *éthos* que empresta ao blues sua particularidade e diz, olha só, veja bem, não era assim tão único nem tão incrível. Porque, se fosse, não seria tão facilmente traduzível ou apropriado.

Amalia: Havia legiões de mulheres sem o menor envolvimento na luta pelos direitos sociais da comunidade mexicana, mas que tinham grande afeição e afinidade por altares e várias formas de iconografia. Achavam que poderiam se apoderar dessas coisas sem problemas. E as brigas sobre apropriação ficaram muito acaloradas – as pessoas jogavam a palavra "essencialista" para cima de você. "Você se acha a dona dessa cultura? Como assim?" E lembro de muitas de nós dizendo: "Não, não somos donas, mas somos merecedoras dela: é nossa".

Uma das maiores dificuldades que as pessoas latinas enfrentam nos Estados Unidos é que produzimos materiais estéticos que acabam sendo realocados dentro da indústria turística. Quem procura uma "dose da fronteira" pode comprar um *sarape*, pegar um pouco de terra de Chimayo ou comer *chimichangas*. O visual, a comida, a terra, as roupas e a música são colocados no mesmo saco.

Além disso, em geral as pessoas latinas são associadas a uma "mentalidade *mañana*", ou uma mentalidade da postergação. Em outras palavras, a cultura dominante nos vê como uma gente preguiçosa, desfocada, que nunca tem pressa. Mas, se você olhar com atenção, o que encontra é uma cultura em que a palavra "*encantada*" significa "enfeitiçada": eu me entrego a você, você me enfeitiçou e o tempo não oferece limites ao que podemos alcançar. O tempo está ali para ser expandido e utilizado, porque, quanto mais tempo eu puder passar com você, mais profundo será meu relacionamento com você. Não tenho pressa em te deixar.

Essa questão do tempo me intriga muito. Li o que você escreveu sobre prisões, então tenho pensado sobre o que as chicanas fazem na prisão: elas tatuam, fazem arte postal, encontram formas variadas e diversificadas de trabalhar com as mãos. A arte dos *paños*, a arte feita em lenços. Elas arranjam canetas esferográficas quando podem e desenham nos lenços que usam. Então, mesmo quando as pessoas são relegadas à prisão, onde o tempo é infinito, encontram uma maneira de reinventar a beleza.

bell: Essa é uma das razões pelas quais o capitalismo entrou nas prisões e as transformou em fábricas. Os administradores e os políticos estão determinados a impedir que espíritos revolucionários incríveis – como Malcolm X – lá floresçam, e é aí que entra a fábrica entorpecente, bem como a criação de um sistema escravagista contemporâneo que exige que as pessoas trabalhem o dia todo por remunerações baixíssimas.

Trata-se de um ataque feroz à sensibilidade das pessoas jovens, que constituem uma grande parcela da população carcerária. Na condição de alguém que tem a grande sorte de ser "livre", sou capaz de nutrir minha imaginação e me dedicar a expressá-la e encontrá-la. Durante a vida, viajei pelo mundo inteiro para ver arte bonita. Mas a peregrinação que fiz à Madona Negra de Montserrat nutriu minha alma. Aquela imagem de uma Madona bela e escura, abençoando e curando o mundo, é contra-hegemônica: desafia a ideia de que a negritude é feiura.

Amalia: Também viajei para Montserrat. Lembro-me de subir uma escadinha com gente bem na minha frente e gente bem atrás de mim. O tempo era muito curto para passar pela salinha onde ela estava. Acrílico cobria a maior parte da Madona, só a mão estava aberta ao toque. Quando passavam por lá, as pessoas tocavam ou beijavam a mão dela. E, naquele momento, abandonei meus medos estadunidenses de bactérias e germes e fui transportada. Senti como se fosse a única pessoa naquela sala.

2

ICONOGRAFIA FEMINISTA

bell: A igreja e a religião foram essenciais para a construção da sua estética. Como uma menina pobre da classe trabalhadora, o primeiro lugar em que vi pinturas de verdade, que não eram reproduções, foi na igreja.

Amalia: E, no catolicismo mexicano, a Virgem chega a ser quase mais dominante que Cristo. Quando olho para a minha estética, percebo que vem da minha família e da igreja – ambos espaços altamente genderizados para mim, espaços onde as imagens de mulheres, o papel das mulheres, as práticas das mulheres, a espiritualidade das mulheres e o trabalho doméstico das mulheres assumem centralidade. Tanto que encontrei uma forma na religião de deixar Cristo de lado. Ele nunca foi parte integral de meu sistema de crenças e continua fora dele. Para mim, as santas e as divindades mulheres representavam a beleza da qual você falou antes.

bell: O significado etimológico da palavra "êxtase" é estar fora. Lembro a sensação de maravilhamento, principalmente como mulher de pele negra pensando no que acontece na reimaginação sobre a mulher negra não como prostituta, vagabunda ou detentora de violência, mas como portadora do sagrado, da cura e da inspiração.

Amalia: Isso me lembra Calafia – a primeira amazona, a mulher negra no novo mundo, a figura de poder, a líder. O nome da Califórnia é dedicado a ela! Também me lembra a representação de Kali como deusa tríplice, ou os elementos de escarificação no rosto da Nossa Senhora de Montserrat que a fazem tão nitidamente africana, embora os guias turísticos tenham inventado um monte de motivos para dizer que ela não é negra. Contam várias histórias – como se ela fosse assim por causa da fumaça das velas – porque simplesmente não conseguem aceitar uma imagem da Madona que possa ser negra.

Por algum tempo, explorei essas imagens em meu trabalho. Em muitos aspectos, foi o que me despertou o interesse para a curadoria. Eu tinha visto a apropriação em larga escala de La Virgen de Guadalupe. Trata-se de uma imagem muito acessível – uma imagem de pele escura, sempre associada na história do México a direitos indígenas e levantes contra a taxação e os espanhóis. Ela também é associada com as Tonantzin, as mães-terra que vieram antes das figuras de deusas muito antigas, então ela é um símbolo perfeito de hibridismo cultural.

Algumas pessoas até a consideram um portal. Em outras palavras, dispõem seus desejos e pedidos por proteção, sustento e empoderamento no espaço onde ela fica. Há séculos La Virgen de Guadalupe funciona dessa maneira. Mas chegou um momento em que se tornou necessário localizar o posicionamento cultural crítico dela e situar essa figura num contexto mais amplo de luta e da história, de modo que, mesmo que as pessoas a consumissem num sentido popular – comprando jaquetas e calças jeans bordadas, camisetas, canecas ou brincos –, isso não importaria. Pois já teríamos a reivindicado e nomeado de acordo com o que ela realmente era, uma figura de poder, defesa, revolução e capacidade de ação. Pessoas como Yolanda López e Ester Hernández fizeram isso por meio da criação de imagens em que ela está usando sapatos, lutando caratê ou correndo.

Quando figuras como essas entram na cultura popular e são consumidas, precisamos encontrar maneiras de aprofundar e articular seus significados nas comunidades. Se não tivermos essa iniciativa, elas podem ser vandalizadas, despidas da própria cultura e exploradas ou dominadas visualmente por pessoas que desejam usá-las de forma destrutiva.

bell: Concordo. Infelizmente, as pessoas negras estadunidenses não se interessaram em reivindicar representações de Madonas negras. Em vez disso, algumas de nós tentaram reivindicar a imagem da Vênus Hotentote*, mas isso não funciona ou não se traduz muito bem, porque a imagem da Vênus Hotentote nunca foi um ícone cotidiano. Mesmo que intelectuais e artistas por vezes estejam cientes do legado perturbador dela, isso não alcança a maioria das pessoas, que sofrem todos os dias com a maneira como as mulheres negras são representadas.

---

* "Vênus Hotentote" foi o nome dado a Saartjie Baartman (1789-1815), quando ela foi levada da Cidade do Cabo, na África do Sul, para a Europa. Foi explorada tanto em vida, ao ser exibida em feiras em Londres e Paris por ter nádegas grandes, quanto depois de morta, aos 26 anos, quando seu corpo passou a ser exposto em um museu de Paris até 1974. Em 2002, depois de diversos pedidos ao governo francês, seus restos mortais foram repatriados e enterrados na província onde nasceu. [N. da T.]

Amalia: Acho que o fato de as pessoas terem tanta familiaridade com La Virgen de Guadalupe é o motivo de algumas das grandes polêmicas em torno das imagens dela. Tornou-se um "ícone do cotidiano", e como as pessoas se sentem mesmo muito próximas dela, podem se ofender facilmente se alguém abusar da sua imagem.

bell: E esse é um tópico sensível, porque a maioria das construções da feminilidade negra se vincula a representações odiosas e feias, então a ideia de um ícone que possa se firmar em resistência a isso se torna cada vez mais distante.

É interessante pensar no papel icônico desempenhado por Angela Davis, por exemplo. Será que a associação tão frequente da imagem dela ao *éthos* patriarcal misógino que informou a luta pela libertação negra fez com que a imagem de Davis perdesse um pouco da subversividade? Porém, muitos anos atrás, teria sido considerado quase uma traição Spike Lee produzir o documentário *Quatro meninas: uma história real* sem incluir Angela Davis; ela chegou à consciência crítica sobre o racismo por ser de Birmingham e por ter ouvido sobre o atentado à igreja enquanto estudava na Europa. Isso aconteceu na infância dela, mas Lee a ignorou completamente em seu filme, que, em outros aspectos, é poderoso. Nós trabalhamos contra isso. Esse é o objetivo de todos os nossos esforços e iniciativas – reentrar no espaço da representação artística. A mudança é tão ínfima que, às vezes, parece que a situação na verdade está piorando.

Amalia: Sim. Conforme as gerações passam, nunca fica nítido se as mulheres que vêm depois de nós vão se envolver ou não na reapropriação de nossas figuras-chave. Acho que em nossa geração, pelo menos entre as pessoas chicanas, existe na verdade uma grande atividade em torno dessas questões, portanto não tenho certeza se no nosso caso dá para dizer que está piorando, mas ainda assim considero uma questão crítica.

bell: As imagens visuais da cultura de massa não são nem um pouco radicais ou visionárias. No mundo das letras e da escrita, há um campo em expansão de ícones femininos negros à escolha. Mas a maioria das imagens que emergem do mundo das artes – inclusive as produzidas por pessoas artistas negras – dá continuidade ao discurso do desejo colonizador-colonizado, que é bem diferente do discurso da liberdade. Os últimos 20 anos nos deram um espaço tremendo para analisar e questionar representações, e tenho o sentimento profundo de que precisamos produzir com rapidez um novo campo de imagens de representações descolonizadas. Eu me esforço por isso; criar livros ilustrados infantis me permite colaborar com profissionais da ilustração para produzir imagens novas e diferentes. Escrever *Meu crespo é de rainha* e dizer que "nosso cabelo é como pétalas de flor" é uma maneira nova de falar sobre o corpo das mulheres negras. Compare isso ao livro *Nappy Hair* [Cabelo crespo], que diz: "Seu cabelo é ruim, mas você pode aprender a amá-lo." Ora, essa é a mesma mensagem colonizadora, racista e sexista de sempre. Minha intenção foi criar uma ideia totalmente diferente e alegre do que é ser uma menina negra.

Quando falamos em imagens, representações, minha mentora é uma artista como Frida Kahlo, que me inspirou desde o momento em que descobri seu trabalho. Admirei as imagens que ela produziu, mas também apreciei sua autoinvenção. Até aquele momento, só artistas brancos bem-sucedidos e reconhecidos ousavam projetar seus retratos como dignos do olhar global. O que Frida Kahlo fez, como mulher racializada, foi uma intervenção radical. Observe as formas e as estratégias que ela escolheu para criar a própria imagem: Rembrandt pintou inúmeros autorretratos e os pintou dentro de um cânone de pintura que era claramente europeu em sua origem; Frida usou estratégias associadas a artistas populares – pintou em estanho, criou folhetões e pegou emprestadas imagens populares – de modo a desafiar fundamentalmente a dicotomia arte popular-belas artes.

Amalia: Sua ascendência era húngara-judia por parte de pai, algo que ela reprimiu com o passar dos anos, e suas atitudes como ativista também vieram do pai. Ele tinha posicionamentos particularmente firmes quanto à Segunda Guerra Mundial devido ao que estava acontecendo na Alemanha nazista. Ela também desenvolveu uma relação aberta com o comunismo, assim como boa parte da classe intelectual do México naquele período, e se esforçou bastante para abraçar a ancestralidade indígena da mãe. Houve um ponto em que a escolha de Frida por suprimir a ancestralidade europeia e reivindicar a mexicanidade criou problemas no seu relacionamento com Diego Rivera. Ela era uma pessoa bastante complicada, não era fácil compreendê-la; vivia em meio a contradições e as transcendia por causa de suas energias intelectuais e espirituais.

Mas Frida foi visada por feministas brancas dos Estados Unidos, que a deslocaram de suas origens e a despolitizaram. Elas criaram um ícone feminista sem entender o papel nacionalista que ela desempenhou no México e no interior do movimento revolucionário.

bell: Sua jornada e a minha são semelhantes à dela. Ela se radicalizou em seu ativismo em torno da descolonização, questionou o imperialismo e se engajou em vários movimentos políticos por justiça social. Além disso, a politização de Frida começou em torno da questão de classe, não em torno da questão de gênero; ela se preocupava mais com quem tinha direito a aprender e quem não tinha, quem tinha o que comer e quem não tinha. Então acho irônico ter sido "escolhida" por feministas brancas não conscientizadas para ocupar um espaço exaltado no panteão feminista delas, pois essas feministas brancas em geral não conseguem lidar com questões de classe. Quer dizer, você pega uma mulher artista racializada cuja existência política se funda no pensamento marxista e socialista, que se correspondeu com Emma Goldman e outras pessoas radicais ao longo da vida, e transforma essa mulher em alguém cujo cerne é a rebelião estilística! Você rebaixa os interesses e o intelecto dela a escândalos sexuais sobre se ela é lésbica ou não, e como e por que ela brigava com seu parceiro.

A última foto tirada de Frida a mostra na sua cadeira de rodas, protestando numa manifestação contra a intervenção dos Estados Unidos na Guatemala em 1954. Ela havia amputado uma perna, está na cadeira de rodas, pálida e abatida; mesmo assim, estar naquela manifestação foi a última coisa que ela quis fazer. Então sempre existiu dentro dela uma luta entre, acredito, o próprio desejo por amor, continuidade e lar, e a necessidade imensa de pintar uma realidade que alguns chamam de mágica. Lembro de uma citação de Breton, ou algum outro surrealista, descrevendo as pinturas dela como bombas embrulhadas e amarradas com um laço. Diziam a Frida que suas obras eram surrealistas e mágicas. E ela dizia: "Não, elas são a realidade do México." Em vida, Frida Kahlo lutou para se autodeterminar em meio a tantas definições impostas, e isso continua após sua morte.

E os encontros culturais que moldaram as percepções e a arte de Frida foram os encontros com povos indígenas (pessoas camponesas, trabalhadoras rurais) e a sua sensibilidade de classe alta. Kahlo rejeitava as preocupações com boas maneiras e o comportamento feminino apropriado – e o fato de se identificar com pessoas da classe trabalhadora alimentava a ousadia dela –, mas quando jovem esteve imersa nessa sensibilidade.

Quando conheceu Diego Rivera, esse encontro cultural veio à tona mais uma vez. Tinham diferenças políticas, não apenas românticas. As tensões e os conflitos entre Frida e Diego eram alimentados por questões em torno do posicionamento político de cada um; ao lado de quem se posicionariam; e, como todas as pessoas, dos erros que tinham cometido. O mais importante é que precisaram tentar corrigir esses erros e ao mesmo tempo manter a conexão como amantes e artistas.

Amalia: E é bom lembrar que ele era significativamente mais velho do que ela. Era o terceiro casamento de Diego e ele já havia viajado muito, então o que ele queria daquele relacionamento era diferente do que ela queria. Mas, para mim, Frida também personificou uma ponte entre o movimento chicano, do qual participei durante as décadas de 1960 e 1970, e o movimento Mexicanidad da década de 1930. Esses dois períodos, surgidos a partir de grandes conflitos civis, foram também momentos de transformação política e cultural. Na época da Mexicanidad, ocorrida após a Revolução Mexicana, pessoas como José Vasconcelos, o ministro da Cultura, e outros estavam conceituando *la raza cósmica*, ou a raça cósmica, na década de 1930. Estavam engajados com ideias muito amplas e filosóficas de identidade, como nação e como artistas. Então, em alguns aspectos fundamentais, existem paralelos entre esses dois movimentos.

bell: Vamos começar do começo. Como você descobriu Frida Kahlo? Onde essa história começa para você? Quantos anos você tinha?

Amalia: Era 1975, então devia ter 32 anos. Naquela época, Rupert Garcia e René Yañez também estavam trabalhando com as imagens de Frida. Fui à Cidade do México, onde havia exposições em homenagem ao Ano Internacional da Mulher em cartaz. Pela primeira vez, montaram uma exposição de pintoras mexicanas, e havia obras de Remedios Varo, Maria Izquierdo – tantas mulheres que eu nem sabia que existiam – e Frida. Depois fui à casa azul de Frida em Coyoacán, e lembro de ter que sair da casa e ir até o jardim porque fiquei muito emocionada, e não queria que as pessoas me vissem chorando.

Toda vez que entrávamos num novo cômodo, eu saía e sentava no pequeno pátio onde Rivera tinha construído um minitemplo asteca. Sentei perto do templo e tive uma grande epifania. Ela teve aquela vida com aquele homem, e naquela casa estavam todos os artefatos dela. Os diários originais de Frida estavam lá, por exemplo, dava para vê-los. As joias, a cama, o colete de gesso. E havia algo de tão revolucionário em estar na presença daquela mulher que havia superado obstáculos relacionados à deformidade e à deficiência física, e que sobreviveu às crises sexuais do amor não correspondido. Todas as vezes, ela se reerguia.

Esse foi o começo da minha conexão com ela. Montei um pequeno altar para Frida em homenagem ao seu aniversário em 1975 na janela da Galería de la Raza, em San Francisco. Em 1976, fiz meu primeiro altar em grande escala, e ela foi uma das figuras incluídas nele. Em 1977, criei um altar para ela e Diego na Fifth Sun Exhibit [Exposição Quinto Sol] no Museu Universitário, em Berkeley, Califórnia.

Em 1978, estávamos trabalhando coletivamente com Frida Kahlo por meio da Galería. Carmen Lomas Garza, Maria Pinedo e eu entrevistamos muitas mulheres sobre as relações delas com Frida e começamos a trabalhar num livro, porém nunca conseguimos terminá-lo. Contudo, isso abriu outra porta: decidimos que precisávamos educar nossa juventude sobre o legado dela.

Começamos a ir a universidades como Stanford, San Jose State, UC Berkeley. Íamos aonde quer que nos convidassem e compartilhávamos o que sabíamos sobre ela. Esse projeto acabou resultando numa exposição do Dia dos Mortos dedicada a Frida. Foi a primeira vez, em 1978, que um grupo chicano de artistas criou obras de arte em torno de Frida Kahlo e da sua vida. Na noite da abertura da exposição, Hayden Herrera veio. Ela conhecia o trabalho que estávamos fazendo, ou tinha ouvido falar a respeito. Ironicamente, Hayden Herrera, que não é latina, compareceu a essa exposição. O marido dela estava à frente de uma revista notável de Nova York na época, e ambos tinham um tremendo acesso no México. Na biografia que Herrera escreveu sobre Frida, que veio a se tornar a base do filme com Salma Hayek, ela se baseou bastante no trabalho de Raquel Tibol. Só que Raquel Tibol entrevistou Frida Kahlo nos últimos dois anos de sua vida, quando ela estava completamente sedada e sentindo muita, mas muita dor; algumas pessoas diziam que ela estava delirando. Então sempre acreditei que diversas histórias que circularam sobre Frida são fantasias de outras pessoas, variações da narrativa exótica selvagem. Não constituem um panorama completo.

bell: Conheci o trabalho de Frida Kahlo por conta do meu fascínio pela arte de Diego Rivera, na verdade. Desde criança, queria saber mais sobre a vida da classe trabalhadora rural, por causa das experiências do meu avô paterno como meeiro. Então, quando deparei com a arte de Diego Rivera, no final da adolescência, fiquei emocionada. Ali estava alguém que sentia que a classe trabalhadora e outras pessoas invisíveis eram dignas de representação; e, para mim, as representações de Diego pareciam divinizar e evidenciar a sacralidade do trabalho dessas pessoas. Nesse sentido, Rivera me lembra Sam Doyle, um artista que trabalha na tradição popular das Sea Islands da Geórgia e que pinta retratos de pessoas comuns. Ele montou uma galeria pública no quintal de casa, e o trabalho dele tem a ver com transfiguração, a ideia de que se pinta alguém para iluminar as qualidades divinas da pessoa. Em vez de pensar o retrato como representação, o retrato era percebido como uma representação do eu divino.

Aprendi sobre a vida de Diego Rivera, depois aprendi sobre Frida Kahlo. Para ela, o retrato representa uma jornada completa rumo ao *self*, ao conceito junguiano do inconsciente coletivo que exige um reconhecimento da sombra. Como descrevem terapeutas como James Hillman, o espírito sombrio reside dentro de todas as pessoas. E Frida Kahlo se engajava numa espécie de arqueologia do espírito; é isso o que vemos quando olhamos para o trabalho dela. Se pudéssemos dispor toda a obra de Frida num só lugar e caminhar pelo espaço, veríamos o desenrolar de um trabalho da alma, por meio da autorreflexão e da autoinvenção dela.

Amalia: Sim, porque, se você olha para as pinturas e as organiza cronologicamente, consegue ver uma cronologia paralela dos eventos da vida de Frida. Você vê que há momentos em que ela contou com as pinturas para ir além dos limites das próprias experiências, e tais pinturas são transfigurações. Há ocasiões da vida dela em que ela nos mostra os sinais do próprio sofrimento; o cabelo está enrolado em volta do pescoço e os laços estão apertados. Também há ocasiões em que ela se cercou de figuras familiares de amor, lar e intimidade – o cachorrinho, o macaco. Nessas pinturas ela está situada, todos os seus pertences estão com ela e ela está em casa.

bell: Algumas vozes da crítica tentam posicionar Kahlo exclusivamente no reino do realismo mágico. É uma injustiça com as dimensões mais profundas e psicanalíticas da obra dela, e uma tentativa de reinventá-la, uma tentativa – por meio de um tipo de imperialismo cultural ocidental – de situá-la em mais uma construção do "primitivo", em vez de honrar a consciência incrível, intelectual e politizada que estava em jogo na obra da artista, bem como em sua psique.

Amalia: Como a pintura *Moisés*, baseada no livro *Moisés e o monoteísmo*, de Sigmund Freud. É minúscula, e ela a organizou de forma que lembrasse ovários, tubas uterinas e o útero, mas há, na verdade, toda uma iconografia de figuras míticas e históricas sobrepostas no quadro todo. Se a pessoa não conhece *Moisés e o monoteísmo*, não vai saber o que ela estava buscando. E acredito que foi mais do que uma preocupação intelectual. Ela foi uma das primeiras e mais poderosas artistas a investigar o corpo como um local de turbulência e transformação; questionava constantemente o espaço entre o reino dos vivos e o reino dos mortos. Há elementos nas pinturas de Frida que literalmente ninguém mais capturou. Ela representa o próprio nascimento, e até mesmo a iconografia da era pré-colombiana, como se sobrepostas por um olhar biológico, quase como se ela estivesse vendo pelos olhos de uma médica, como se estivesse olhando através de um microscópio. Acho que isso se deve a ela ter trabalhado durante anos com o pai, que era fotógrafo.

bell: Ela é uma artista que não recebeu o devido valor. Foi reduzida a uma superfície, à imagem superficial, que se pode olhar e dizer: "Ah, realismo mágico" ou "Ah, mexicana primitiva". Pouquíssimas pessoas a viram como uma mulher que recebeu uma educação em consciência crítica que não apenas estava alinhada com a teoria política mais sofisticada da época, como também tinha familiaridade com a teoria psicanalítica. Ela estava completamente à frente de seu tempo! Muitas mulheres racializadas que são artistas, escritoras e outras trabalhadoras da cultura só agora estão descobrindo como são valiosas as ferramentas psicanalíticas, pois essas ferramentas foram negadas e marcadas como fora de questão para nós.

Então é importante falar sobre os apagamentos que se dão com base em como somos enquadradas e vistas na cultura dominante. Voltamos à questão da representação, porque a imagem de Frida Kahlo se tornou "domesticada" em termos de classe, raça e orientação sexual. As pessoas compram cartões-postais de Frida Kahlo, broches de Frida Kahlo...

Amalia: Brincos, camisetas, tudo.

bell: Por um lado, ela é provavelmente a mulher artista racializada mais amplamente reconhecida nos Estados Unidos, mas a maneira como ela é representada prejudica o escopo artístico de seu trabalho.

Amalia: Podemos voltar à questão da destituição e da exploração cultural. A imagem de Frida foi mercantilizada, comercializada e apropriada. Mas a ironia das ironias é que parte da classe intelectual mexicana acusou a nós – pessoas e artistas chicanas – de banalizar Frida, e nos chamaram de oportunistas por usá-la em nosso trabalho. Tivemos que nos erguer e dizer: "Vocês realmente acreditam que, nos Estados Unidos da América, meia dúzia de chicanas conseguiria comercializar um ícone desse jeito? Fomos nós que publicamos os livros? Que produzimos os pôsteres? Que estamos vendendo os conjuntos de cartões nos Museus de Arte Moderna?" Não. Isso está sendo feito por mulheres e homens brancos com muito dinheiro e contatos que usaram a imagem dela para lucrar.

Raquel Tibol, que escreveu um dos livros mais importantes sobre a artista, na verdade acusou as chicanas que estão na vida pública de terem lucrado com Frida. Isso me mostrou como é grande a lacuna entre algumas intelectuais mexicanas e algumas intelectuais chicanas. Muitas dessas mulheres são de ascendência europeia, ainda que tenham nacionalidade mexicana. Acho que deve ter parecido fácil nos acusar e nunca questionar as feministas brancas sobre a relação que elas têm com Frida.

Isso parece se conectar com suas observações sobre como Angela Davis foi marginalizada e como Winnie Mandela foi transformada numa assassina. Foi relativamente fácil para as pessoas tornarem Frida tão onipresente a ponto de se tornar quase invisível. O que aconteceu com a imagem dela nos mostra como precisamos estar atentas às nossas próprias autorrepresentações, pois Frida foi destituída de sua complexidade.

bell: O que fazemos, no entanto, com essa trivialização? Como a interrompemos? Malcolm X, por exemplo, é um ícone comparável. Em determinado momento, ele foi o líder com quem as pessoas se identificavam na cultura popular – o líder legal, o líder descolado. Mas, assim como pouquíssimas pessoas parecem ter conhecimento sobre Frida Kahlo como artista, pouquíssimas pessoas entendem o que Malcolm X fazia na política, principalmente no final da vida dele. Assim como Frida Kahlo foi congelada no momento de seu relacionamento com Diego Rivera, Malcolm X fica congelado na Nação do Islã, e a parte que não é vista é a consciência global dele – a consciência política radical de esquerda – que se desenvolve e floresce profunda e completamente.

Não sei como você se sentiu, mas no início não fiquei nada empolgada quando todo mundo entrou na febre Frida Kahlo. Senti que minha mentora, que me inspirou profundamente, agora estava "aberta ao público". E eu "era digna" do meu relacionamento com Frida Kahlo; estudei a vida e a obra dela. Porém vejo muitas feministas brancas jovens que, apesar dos olhos marejados de adoração por ela, não têm interesse nenhum nesse tipo de trabalho; não estão interessadas em honrar Frida, porque não entendem o valor dela.

Por exemplo, lembro a minha primeira aula de estudos sobre mulheres em Stanford. Houve um conflito quando uma das alunas brancas começou a falar sobre a empregada negra da casa dela e o quanto a família dela a amava. Então perguntei: "E ela te ama? O que você de fato sabe sobre o que ela fala de você quando chega na casa dela? O que você fez para merecer o direito de falar sobre ela?" É óbvio que eu lembrei que, quando minha mãe chegava em casa, as críticas que ela fazia às pessoas brancas para quem ela trabalhava eram *fervorosas*. Elas nem seriam capazes de imaginar. Minha mãe chegava em casa e fazia uma crítica de gênero, ou fazia uma crítica da ideia de liberdade feminina, do modelo de ócio privilegiado da mulher branca, de um jeito que as pessoas brancas para quem ela trabalhava não imaginariam, por serem racistas e classistas.

No contexto do imperialismo cultural, as pessoas brancas desavisadas aprendem que não precisam estudar Frida Kahlo para ter o direito de se apropriar dela. Com o argumento do imperialismo cultural, impõem a intimidade. Mas essa intimidade é a familiaridade do opressor, a familiaridade do colonizador, pela qual forçam a proximidade por meio da violação. É um desejo agressivo, enraizado na inveja.

Amalia: Eu me encantei com Frida num momento em que estava descobrindo como sustentar minha própria individualidade com meu parceiro, que também era uma pessoa criativa que precisava do próprio espaço e de individualidade. Também passei por todo um processo de entender que eu não poderia gerar crianças. E lembro a sensação de proximidade com Frida, porque eu tinha entrevistado boa parte das pessoas que a conheciam e elas cantavam para mim as músicas que Frida lhes ensinara. Eram pessoas idosas, que a conheciam como amiga, então as histórias que me contavam não se pareciam nada com as histórias dos livros de Hayden Herrera ou Raquel Tibol. Eram histórias sobre Frida em casa, o jeito como ela fazia arranjos de flores, como cozinhava para as pessoas, o senso de humor indecente e as canções vulgares que ela amava cantar para elas. Essa era a Frida que eu carregava comigo.

Mais ou menos na época em que fiz minha histerectomia, visitei o San Francisco Art Institute porque Rivera havia pintado lá, e Frida estava com ele na época. Estava rompendo com ele e fez uma exposição na Julian Levy Gallery, em Nova York. Encontrei um exemplar antigo da *New Yorker* com uma imagem que ela havia pintado. Não consegui me controlar, levei a foto para casa e emoldurei. Pus a foto na minha mesa de cabeceira no hospital. Quando passou o efeito da anestesia, eu me senti muito desconfortável. Lembro que uma das enfermeiras filipinas entrou e me perguntou que santa era aquela, e eu disse: "Ah, claro, esta é a Santa Frida." Ela ficou bastante impressionada e me disse que a achou muito bonita. E então, daquele momento em diante, essa "divinização" se tornou uma referência secreta e engraçada para mim.

Uma das coisas que aprendi em todos os anos trabalhando com a vida e a obra de Frida é que ela estabelecia diversas camadas de relacionamento com as pessoas. Havia uma comunidade de mulheres – María Felíx, Dolores del Río, Josephine Baker, Rosa Covarrubias – que a conhecia e gostava dela. Não acho que todas tinham relacionamentos com ela, mas cada uma dessas mulheres a amava, de uma forma ou de outra. Ela era uma mulher que se importava com mulheres, uma pessoa com quem você gostaria de estar porque ela sabia como lidar com as coisas. Há uma história famosa a seu respeito. Ela estava em Nova York. Noguchi tinha um apartamento no Brooklyn, e certa noite havia um grupo lá, fazendo um filminho caseiro. E tinha uma rosa – uma brincadeira com a rosa do Brooklyn, parecida com a árvore do Brooklyn. Puseram a rosa sobre a mesa e todo mundo tinha que fazer algo com ela. Todos se dispuseram a isso, sabe, tipo cheirar a rosa e tal. Mas Frida pediu um papel e um barbante, pegou um lápis e fez um cartãozinho com as letras "F. W.". Fez dois furos no cartão, amarrou o barbante ao redor do quadril para que o "F. W." ficasse na bunda e dançou, rebolando em volta da rosa. E todo mundo perguntou: "E aí, o que isso significa?" E ela simplesmente olhou para o grupo e disse: "*I'm a fucking wonder*" [Sou uma maravilha, porra]. Ela era uma pessoa criativa e contestadora. Assim que soubesse que alguém próximo estava doente ou que havia algo errado, ela era a primeira a ir levar uma sopinha. Então acredito que há muitos elementos sobre Frida que não apareceram nos filmes ou nos livros.

bell: No meu livro sobre arte, *Art on My Mind: Visual Politics* [Arte na minha mente: Políticas visuais], investigo a necessidade de resistir às representações. Outra figura, uma figura literária cujo destino se assemelha ao de Frida Kahlo, é Zora Neale Hurston. Muitas pessoas estão reivindicando essas mulheres racializadas, que ocupam posições complexas, e as simplificando. Estão reivindicando essas mulheres racializadas de modo a negar a sua complexidade. É o explorador branco que vai até as pessoas nativas para encontrar a sua arte primitiva no outro de pele escura – Gauguin procura as pessoas racializadas para pintá-las – e assim minimiza a cultura dessas pessoas, reduzindo-a. Margaret Mead vai a outros países, representa a si mesma como amiga de pessoas racializadas e, no entanto, chama essas pessoas de macacos em seu diário. Mesmo quando a gente branca tenta se apropriar, utilizar e celebrar a arte do outro escuro, como sujeitos, com frequência conserva a hierarquia do branco imperialista cultural. Tanto Hurston quanto Kahlo caíram nessa brecha, em que a complexidade da pessoa pode se perder devido à reificação da sua imagem.

Amalia: O mundo branco puxa para o abraço, mas é o “abraço da morte”. Amam-até-a-morte aquilo que desejam.

bell: Isso é um problema constante para mim. Como podemos recusar esse abraço e recuperar nosso valor perdido? Como mulher racializada, eu precisava descobrir a relação entre Diego Rivera e Frida Kahlo, ver o poder dela dentro desse vínculo e observar a maneira como os dois construíram um lar, abrindo espaço para a autonomia e a individualidade. Quando eu era jovem e escrevia livros feministas, Diego e Frida eram ícones poderosos para mim. Diego Rivera me ensinou a ver e abraçar a beleza da cultura da classe trabalhadora. Frida Kahlo me mostrou que uma mulher pode ser disciplinada e apaixonada por seu trabalho.

E é tão arrebatador que ela tenha encontrado uma maneira de criar arte mesmo em meio a um grande sofrimento físico! Ainda vivemos numa cultura em que as mulheres racializadas, muito mais que as mulheres brancas, carregam um enorme sentimento de culpa e egoísmo quando colocam o trabalho – nosso trabalho individual – em primeiro lugar. Principalmente se for trabalho artístico ou trabalho intelectual. Quando colocamos empregos que nos dão dinheiro em primeiro lugar, as pessoas podem até entender, mas, se você põe algo intangível em primeiro lugar, é difícil que entendam.

O fato de tão poucas pessoas racializadas escreverem sobre arte pode ter a ver com isso. Para mim, esse tipo de escrita foi o que menos gerou recompensas, tanto do ponto de vista financeiro quanto do crítico. Você e eu já falamos sobre Lucy Lippard, cujo trabalho apreciamos. Ao mesmo tempo, reconhecemos que o trabalho dela é automaticamente mais visível do que o de pessoas racializadas que escrevem sobre arte.

Amalia: É como se, ao escrevermos sobre nossas próprias experiências, ou uma sobre a outra, estivéssemos participando de algo egocêntrico e provinciano, mas, quando uma escritora branca como Lucy Lippard faz isso, é aplaudida por fazer algo além das próprias experiências. Já se as pessoas racializadas são especialistas em suas próprias histórias e experiências, isso não significa nada. "Ah, tá bom, grande coisa." É tão desigual.

bell: E, no caso de Frida Kahlo, é mais verdadeiro ainda. Se pudéssemos coletar todos os escritos críticos e pessoais sobre Frida Kahlo, a maioria seria de autoria de feministas reformistas brancas. Eis um dos motivos pelos quais é ótimo dialogar sobre ela com você; esse diálogo intercultural raramente acontece. Ninguém quer saber o que Frida Kahlo representa para as mulheres racializadas, que ela nos toca no íntimo, na vivência – em vez de atuar como um símbolo.

Quando era criança, sofri muito com asma e, desde então, enfrentei outras questões de saúde. Então me identifico com Frida Kahlo ao sentir dor e trabalhar apesar da dor. Meus ciclos menstruais, por exemplo, eram terrivelmente dolorosos. Tive períodos menstruais incapacitantes desde os 12 anos de idade; eles realmente me derrubavam. Do cristianismo fundamentalista, também herdei a ideia de que o corpo da mulher é contaminado, sujo e pecaminoso. Então, meu corpo de mulher sofreu. Sempre me frustrei com meu corpo.

No maravilhoso filme dirigido por Sofia Coppola, *As virgens suicidas*, uma das irmãs tenta se matar. Ela tem 13 anos, vai parar no hospital e o médico diz: "Você é cheia de vida demais para estar aqui, sabia? Você não deveria estar aqui." E ela diz: "Você não tem ideia de como dói ser uma menina." Muitas meninas vivenciaram essa transição da infância para a adolescência menstrual como traumática, de maneiras que de fato não conseguimos nomear. Para muitas de nós, foi uma transição da liberdade em nossos corpos para uma sensação de estar escravizada pelo próprio corpo. Também no sentido de o corpo estar se tornando uma "coisa" que os homens adultos caçam. Desde muito cedo, o corpo feminino sente dor, essa é uma grande questão sobre a qual não se fala muito. Se olharmos, por exemplo, para como as pessoas escreveram sobre Van Gogh e a capacidade dele de continuar a trabalhar em meio ao sofrimento psicológico, muitas vezes agravado pelo sofrimento físico por meio da automutilação, veremos uma análise sofisticada. Sabemos que hoje Van Gogh seria descrito como uma pessoa que se corta, que se automutila. Agora entendemos a questão da automutilação, porém raramente a entendemos em relação com a produção de arte. Para ele, naquele ato havia uma mistura de religião, culpa e purgação.

Enxergamos essa idealização da dor e da supressão em Frida Kahlo também. Além disso, passamos a entender que as mulheres racializadas sofrem de maneira desproporcional de muitas doenças – como lúpus e diversas formas de câncer –, mas ninguém se importa com nosso bem-estar físico. E, quando as mulheres racializadas sofrem fisicamente, a maioria de nós precisa ir trabalhar mesmo assim; estamos falando de trabalhadoras rurais, operárias de fábrica, empregadas domésticas e mulheres trabalhadoras em outras áreas de prestação de serviços. Ao pensar em uma dor tão tremenda que só dá vontade de morrer, como a de Frida Kahlo, entendemos que o poder da imaginação é o que permitiu que ela seguisse em frente, e o mesmo deve valer para muitas mulheres. O fato de ela se deitar na cama e ter sonhos aterrorizantes – os sonhos que chegam quando o corpo está buscando liberação psíquica –, e depois os utilizar como material para a própria arte... Sabemos que ela tinha uma criatividade incrível. Não é possível entender isso com a mente colonizada, que não permite sutilezas, contradições e complexidades.

Amalia: Sim, sim, sim, sim, você está certa.

bell: E óbvio, fundamentalmente, o necessário é uma imaginação descolonizada que não seja racista, que tenha uma perspectiva feminista que não seja reformista e tediosa. Precisamos ver a complexidade de Frida Kahlo no campo do desejo, no mundo da criação artística.

Amalia: Você abordou isso em sua trilogia do amor, e acredito que outra maneira de fazer essa escolha é olhar para a comunhão de Frida e Diego e testemunhar se eles se respeitavam. Em vez disso, as pessoas se concentram mais sobre as questões de poder do relacionamento de Frida e Diego.

bell: O que é muito triste, porque estamos sempre envolvidos em lutas de poder, mesmo quando estamos profunda, perdida e verdadeiramente apaixonadas. Escrevi bastante sobre violência e antiviolência, mas no passado também já fiquei furiosa com uma pessoa amada e reagi de forma violenta. Alguém olhando de fora poderia simplesmente dizer, "Ah, essa bell hooks é uma hipócrita. Ela não vive a verdade das próprias palavras", em vez de reconhecer que todo mundo vive em contradição. Nem sempre sou controlada; nem sempre sou correta; nem sempre sou gentil; mas sou capaz de nomear e assumir a responsabilidade pelas minhas transgressões. Posso mudar, posso fazer as pazes e posso reparar. Essas coisas acontecem em um relacionamento; e as pessoas que olham de fora não conseguem traçar o curso das reparações, das reconciliações, porque geralmente não conseguimos enxergar essas coisas.

Amalia: Sim, isso não fica tão público. Nunca fui sincera sobre as razões privadas pelas quais fui atraída até Kahlo. Naquele momento da minha vida, eu estava casada e em crise, tentando decidir se queria ou não engravidar. Aí descobri que não era possível. E encontrei algumas ressonâncias entre o relacionamento de Frida com Diego e o meu relacionamento com Richard. Foi um alento ver como duas pessoas fortes com temperamentos artísticos que se amam também terão ambições, disposições e dificuldades que inevitavelmente levarão ao conflito.

Gosto da sua palavra "reparação", porque ela se vê com frequência ofuscada no relacionamento de Frida e Diego. O que sei a partir da minha própria vida com Richard é que pessoas que se amam apaixonadamente podem machucar uma à outra. Isso pode ser resolvido se acreditarmos e entendermos que algo maior do que hábitos e emoções pessoais atua em um relacionamento. No nosso caso, era um amor compartilhado pela beleza, pela criação de cultura; isso manteve a nossa união, mesmo quando às vezes falhávamos um com o outro do ponto de vista pessoal e íntimo.

Na época em que Diego estava com ela no movimento Mexicanidad, estava criando sua coleção pré-colombiana no Museo de Anhuacelli, enquanto ela recuperava os ex-votos ou *retablos* (pinturas em estanho), e ambos estavam apoiando e dando vazão a pessoas artistas que faziam as figuras de Judas, as figuras de papel machê que a família Linares fazia. Ao mesmo tempo que brigavam brutalmente, que Diego traía Frida com a irmã dela e a menosprezava devido aos outros relacionamentos dela, os dois estavam produzindo um material intelectual e cultural que transformou a sociedade mexicana. Alguma coisa leva Frida e Diego a se erguerem acima da mesquinhez, permite que reparem e ressuscitem seu amor.

3

PEDAGOGIAS DA RESISTÊNCIA

bell: Boa parte do corpo docente universitário age como se nada o conectasse às escolas públicas, onde você passou 20 anos lecionando. Essa experiência parece ter desempenhado um papel significativo em seu desenvolvimento, sua autorrealização e seu empoderamento como artista e ativista. Escolhi trabalhar em escolas públicas por reconhecer que todo o pensamento crítico que fazemos na universidade acabará não tendo muito significado para boa parte das pessoas racializadas se não começarmos pelos estágios iniciais de nosso desenvolvimento educacional.

Amalia: O fato de, em muitos aspectos, minha própria educação escolar ter falhado em capturar minha imaginação, não ter me reconhecido em todas as minhas capacidades e não ter sido receptiva a mim como estudante foi algo que me levou para a educação pública. Quando mais velha, lutei por anos e anos para compensar o tempo perdido.

bell: Você falou sobre o que achava que significava ser uma estudante – que sentia como se tivesse que ser assimilada pelo paradigma branco dominante. Em certo sentido, sua consciência despertou mais tarde, durante a pós-graduação. Você se reeducou, correu atrás do ativismo e ingressou no sistema de escolas públicas de San Francisco, determinada a defender as pessoas racializadas.

Amalia: No final da década de 1960, eu estava trabalhando com artistas e intelectuais cujos objetivos principais eram servir à comunidade. Olhávamos ao redor para identificar quais eram as necessidades presentes. Primeiro, pensei em trabalhar numa escola comunitária*, mas depois percebi que a maioria das pessoas racializadas não estava em escolas particulares ou comunitárias, e sim nas famílias da classe trabalhadora, de modo que a educação revolucionária tinha que acontecer nas escolas públicas. Passei pelo Teacher Corps, um programa que preparava docentes para trabalhar em escolas municipais. Comecei a trabalhar no bairro Mission District e passei 20 anos no sistema de escolas públicas de San Francisco.

Uma das experiências de ensino mais importantes para mim foi trabalhar numa sala de aula aberta**. Era emocionante ver as crianças aprenderem sem fronteiras e limites, aprenderem com a imaginação, e poder oferecer informações e lições relevantes para as suas experiências de vida. A sala de aula aberta tinha estufas portáteis, cozinhas portá-

* *Community school*: um tipo de escola que serve de instituição de ensino e centro comunitário nos Estados Unidos. [N. da T.]

** *Open classroom*: é um modelo educacional que consiste em utilizar um único ambiente para educar estudantes com habilidades variadas, com ênfase no aprendizado colaborativo e autodirigido. [N. da T.]

teis e bibliotecas. As alunas e os alunos podiam aprender ciências, matemática e literatura de forma prática, integrando o aprendizado cada qual a seu ritmo por meio das próprias experiências.

Um dos conceitos que usávamos para desenvolver o letramento era o "E + T = S, Experiência mais Texto é igual a Significado". "Experiência" era a vida das pessoas estudantes, o que elas traziam para a sala de aula. Agora chamamos de "fundos de conhecimento" ou "aprendizado baseado em habilidades", com base no entendimento de que ninguém chega vazio. Cada estudante traz as próprias experiências, do conhecimento partilhado com a família e das aptidões que adquiriram em suas próprias comunidades. O "texto" é a professora: o que quer que ela use, seja um livro, um filme ou uma saída de campo, a professora é o texto. O objetivo é aplicar o conhecimento para desenvolver significado – produzir uma educação relevante e útil, que engaje a pessoa estudante.

Por exemplo, passei vários anos ensinando em San Francisco na época da aplicação de um plano de dessegregação determinado por ordem judicial. Fui a primeira professora a elaborar um programa de desenvolvimento profissional para profissionais da educação em escolas que passavam por dessegregação. Isso significava que tínhamos que lidar com docentes difíceis, pessoas que não pretendiam nem nunca quiseram ensinar "aquelas crianças". Então, para ensiná-las, tive que me reeducar. Descobri que existia uma quantidade enorme de pedagogia crítica – como aprendizagem cooperativa, estilos de aprendizagem cultural e resolução de conflitos – que eu precisava adquirir para preparar as outras pessoas. Nossas diferenças culturais trouxeram mais textura e riqueza à experiência, e pudemos basear nossa resposta à diversidade de recursos que as pessoas estudantes traziam.

Ficou evidente para mim o quanto nosso sistema educacional valoriza o aprendizado individualista, competitivo e isolado, e como as pessoas professoras tinham sido treinadas para ver isso como um modelo de sucesso. O aprendizado interativo, prático e colaborativo tinha pouco valor. Então, quando uma pessoa estudante negra interagia com o material usando o próprio estilo de comunicação e aprendizado, se interpelava outras pessoas da sala e elas respondiam dizendo "sim, aham, tá certo, é isso, pode continuar", a pessoa professora branca interpretava essa situação como mau comportamento, sentia medo e tentava controlar a situação. E inevitavelmente, ironicamente, a pessoa estudante que mais se engajava com o material acabava sendo a mais punida.

bell: Esse conflito estava no âmago da polêmica em torno do "Ebonics"* na década de 1990. A juventude tinha a possibilidade de interagir com a pedagogia segundo as próprias regras e usar uma linguagem que eu chamaria de língua da intimidade, que pode ser empoderadora e, ao mesmo tempo, reconfortante. Vamos encarar os fatos: entrar na sala de aula é uma experiência ameaçadora. E se você não é uma pessoa branca e nunca teve uma interação amigável com alguém branco, entrar na sala de aula e encarar um professor branco pode ser incapacitante ou devastador. Ter a liberdade, o direito básico, de falar na língua da sua própria intimidade permite que as pessoas recém-chegadas à sala de aula sintam que podem pertencer, que não precisam se alienar.

* Termo utilizado para se referir a variantes negras do inglês, especialmente dos Estados Unidos. Hoje, alguns termos mais utilizados são African American Vernacular English (AAVE) e African American Language (AAL), inglês afro-americano vernacular e língua afro-americana, respectivamente. [N. da T.]

Sendo uma criança do campo, que tinha de viajar muitos quilômetros para ir à escola, no início expressei uma dor tremenda. Para mim foi assustador me afastar tanto do espaço privado, o único espaço de aprendizagem que eu conhecia, e adentrar o sistema público de educação. Não consigo imaginar como teria sido fazer essa jornada para, no fim das contas, deparar com pessoas que me tratassem como "estranha". Estudei em escolas rurais onde o corpo docente negro acolheu minha presença e falou comigo na minha língua familiar. É muito importante que as pessoas entendam que o desejo de poder começar o aprendizado usando o inglês negro não atacava nossa necessidade de saber o inglês padrão; na verdade, preparava o terreno.

Algumas das intervenções mais positivas que o Partido dos Panteras Negras fez em Oakland e na área da baía de San Francisco foram nos anos iniciais do ensino fundamental – primeiro, reconhecendo que as crianças precisavam tomar café da manhã antes das aulas porque ninguém aprende com fome e, segundo, que o letramento era crucial para o desenvolvimento delas. O Partido dos Panteras Negras usou as abordagens de Paulo Freire na *Pedagogia do oprimido* para educar a juventude negra, reconhecendo que tudo começa com o letramento. No entanto, desde então nenhum movimento de justiça social nos Estados Unidos priorizou a alfabetização, apesar do fato de que uma em cada sete pessoas nos Estados Unidos é analfabeta funcional e de que esse número vem crescendo.

Amalia: E de que as pessoas estudantes negras e latinas continuam chegando a salas de aula pouco receptivas para elas.

bell: Na verdade, a situação piorou por causa do ataque governamental à educação pública. Nos últimos 15 anos, por meio de cortes de verbas, programas de vales escolares e a promoção de escolas religiosas, o governo começou a privatizar o sistema público de educação. A educação é percebida cada vez mais como algo que deve ocorrer na escola particular, na igreja e na escola comunitária. A escola pública está se tornando um campo de detenção, uma espécie de campo de concentração simbólico anterior à prisão, e muitas de nós estamos vendo um retorno do *apartheid* racial em relação à educação pública. Por exemplo, a escola primária onde estudei não possuía biblioteca nem muitos outros recursos que eram "de praxe" em escolas brancas privilegiadas, e esse tipo de desigualdade vem aumentando hoje. Jonathan Kozol documenta de maneira poderosa essa tendência no livro *The Shame of the Nation: The Restoration of Apartheid Schooling in America* [A vergonha da nação: a restauração do *apartheid* escolar nos Estados Unidos].

Amalia: E a educação especial tem uma relação peculiar com a prisão. Muitos meninos negros em escolas públicas são monitorados desde o jardim de infância até o fim do ensino fundamental em turmas de educação especial. Não saem delas até chegarem à adolescência, quando muitos deles vão parar nos tribunais e nas prisões.

Mas, com uma pedagogia mais crítica e programas bilíngues fortes, poderíamos enfrentar esses desafios. Há oportunidades de transformar essa juventude em profissionais da educação que podem reingressar nas escolas públicas e transformá-las. Inclusive, a ausência de pessoas estudantes brancas facilita a construção de pedagogias que sejam mais relevantes para a nossa juventude. Algo comum para muitas pessoas estudantes latinas que vieram do México e da América Central é precisar enfrentar esse *rechazo*, essa rejeição. Nos países de onde vieram, elas se acostumaram com docentes que as cumprimentavam todas as manhãs com um beijo na bochecha ou um abraço. Estão acostumadas a ter relacionamentos pessoais com as figuras de autoridade da escola, mas nos Estados Unidos, após o terceiro ano do fundamental, professoras e professores não têm mais permissão para demonstrar afeição ou intimidade com estudantes. Essas pessoas entram em salas de aula onde os docentes nem lembram o nome delas, com turmas tão superlotadas que chegam a faltar recursos.

Mas essa conjuntura, em que estamos no processo de educar estudantes de primeira geração em ambientes onde todo o corpo estudantil é composto de pessoas racializadas, nos dá espaços para transformar a pedagogia.

bell: Você está descrevendo um possível espaço de resistência, mas também temos que falar sobre sistemas escolares como o de Flint, Michigan, onde minha irmã Gwenda leciona e onde eu por vezes trabalho. O corpo docente e o corpo discente são predominantemente negros, porém a superlotação é tamanha que a pedagogia efetiva da qual você está falando não pode ser implementada de forma completa, porque há pessoas demais. E, ao longo dos meus anos como professora, descobri que uma única pessoa determinada a causar problemas, seja no terceiro ano do fundamental ou na pós-graduação, é o suficiente para acabar com uma aula. E, quando há muita gente, fica mais difícil de controlar. Como podemos lidar com isso de maneira efetiva?

Amalia: Acho que essa abordagem e esse desejo vêm das minhas experiências em escolas públicas e que levei para o ensino superior. Antes da Universidade Estadual da Califórnia na baía de Monterey, eu nunca tinha ensinado numa universidade. Já havia ocupado posições de destaque acadêmico, já tinha sido artista residente, mas aprendi a lecionar nas salas de aula das escolas públicas, e acho realmente que as mesmas coisas funcionam aqui.

Por exemplo, neste momento estamos lidando com a necessidade de ampliação, a fim de oferecer aulas para turmas maiores. Para lecionar para uma turma de 55 estudantes, é preciso construir turmas dentro da turma; em outras palavras, modelos colaborativos e cooperativos baseados no conceito de equipe. A turma inteira é dividida em equipes de 8 a 10 estudantes e cada pessoa assume uma função, trabalhando em pesquisa, apresentação ou materiais visuais – todo mundo recebe a oportunidade de contribuir.

Cada equipe apresenta para a turma e para a pessoa instrutora, e isso dá vida ao conteúdo do curso, além de fornecer a cada estudante a chance de aplicar e dominar o material.

bell: Você descreveu um modelo de pedagogia engajada que funciona e incentiva o pensamento crítico. Mas o que me fascina é que profissionais da educação não recebem preparação nem no ensino fundamental, nem no médio, nem no superior para ensinar em salas de aula diversas. Na maioria das vezes, não recebem capacitação para o pensamento crítico. Grande parte das falhas dos currículos universitários imparciais se deve ao fato de que os profissionais da educação não receberam nenhum treinamento para lecionar em salas de aula diversas. Primeiro, tiveram que desaprender todas as coisas que aprenderam nos últimos 10 a 20 anos. Vamos pegar só o básico do ensino fundamental: Colombo descobriu a América. Um grande número de profissionais da educação vem dizendo isso há 25 anos. Como fazer com que mudem de pensamento e honrem a presença dos povos indígenas que estavam aqui antes de Colombo e, igualmente importante, que contem a verdade sobre a conquista e a colonização de Colombo?

Amalia: É preciso fomentar a formação. Num dos meus componentes curriculares da pós-graduação, uma das leituras são dois capítulos de um livro chamado *Thrown Among Strangers: The Making of Mexican Culture in Frontier California* [Atirado em meio a estranhos: a construção da cultura mexicana na fronteira da Califórnia], de Douglas Monroy. Leem esses capítulos e depois trechos de *Red Eyes* [Olhos vermelhos], que analisa o que há sobre pessoas indígenas e de autoria destas no currículo escolar. E então essas turmas de estudantes de artes liberais que se preparam para ser profissionais da educação escrevem ensaios emocionados sobre como se sentem enganadas, sobre a raiva que sentem das pessoas que foram suas professoras. Como chegaram na faculdade e descobriram realidades sobre as quais ninguém lhes contara antes? Sentem-se traídas pelo sistema educacional. Porém, creio que o motivo pelo qual docentes do ensino fundamental nunca solicitaram a leitura de *Thrown Among Strangers* é porque também nunca o leram. Se tivessem algum tempo livre para desenvolver círculos de leitura e assim fomentar as próprias formações, acredito que muitas e muitos transformariam suas ementas imediatamente.

Quando eu estava à frente da capacitação de pessoal em San Francisco, houve o momento em que a literatura étnica começava a ser introduzida no primeiro ano do ensino médio. Recebemos cartas bastante raivosas de gente dizendo: "Sempre ensinei Shakespeare e não vejo por que tenho que ensinar isso." Então, montamos um círculo de leitura para cada escola de ensino médio e fornecemos os livros gratuitamente. Trouxemos obras de pessoas como Amy Tan e Gary Soto, e organizamos encontros em que discutimos essas histórias com o corpo docente. As pessoas saíam dos encontros completamente transformadas, pois antes nem sabiam onde estavam esses livros. Nunca tiveram tempo de adquiri-los, nunca tiveram tempo para lê-los e não tinham ninguém com quem conversar a respeito deles. Depois de lerem e gostarem dos livros, ficavam inspiradas e confiantes o suficiente para ensinar essa literatura.

bell: Mas olhe para Nebraska, Oklahoma e Texas – grandes estados que detêm imenso controle sobre o conteúdo dos livros didáticos. Nas escolas de ensino fundamental e médio, assistimos a níveis crescentes de censura. Há uma resistência progressiva à ideia de ensinar as obras de pessoas escritoras que trazem perspectivas diferentes. Tal censura é bem generalizada, mas nem sempre aparece na grande mídia, portanto as pessoas não sabem que em Wyoming, em Montana, no Nebraska, em Oklahoma e no Texas estão tirando livros de pessoas racializadas das bibliotecas e reinstaurando uma perspectiva tendenciosa.

Mesmo quando eu estudava numa escola exclusivamente para pessoas negras antes da dessegregação, se eu quisesse ler autorias negras, precisava ir à biblioteca e caçar esses livros por conta própria. Depois que as escolas foram dessegregadas, muitos dos meus professores e professoras brancos diziam que as pessoas negras não escreviam, de modo que roubei um livro chamado *American Negro Poetry* [Poesia negra estadunidense] da biblioteca. Eu queria uma prova de que havia pessoas negras que escreviam, para poder mostrar a docentes brancos que diziam: "Não existem autorias negras." E você sabe muito bem que ainda hoje há universidades e faculdades onde docentes brancos continuam dizendo que não lemos autorias negras nem latinas porque essas pessoas não escreveram nada com qualidade ou profundidade suficiente.

É evidente que as maiores intervenções foram feitas no ensino superior, e eu quero falar um pouco a respeito. Há projetos pedagógicos diferentes para as pessoas que estão sendo preparadas para se tornarem os membros das futuras classes dominantes. As pessoas brancas e o pequeno número de pessoas racializadas que estudam na chamada Ivy League (ou universidades de primeira linha) reconhecem que, se vão pesquisar a China, o Japão, a Tailândia e todas as diferentes cidades e nações do continente africano, precisam compreender a diversidade. Devem aprender algo sobre os costumes de outros grupos de pessoas. Então, para essa minoria, a educação diversa tornou-se uma mercadoria considerada essencial para os negócios. No entanto, reconhecer a necessidade de aprender sobre outras culturas muitas vezes não é encarado como vital nas faculdades comunitárias ou nas universidades públicas.

Por outro lado, nas faculdades comunitárias encontramos hostilidade em relação à educação bilíngue. Não vemos docentes dizendo às pessoas jovens negras: "Se você realmente quer ter um futuro profissional nos Estados Unidos, aprender espanhol é essencial." Não vemos pessoas estudantes latinas ganhando pontos extras porque entram na faculdade sabendo duas línguas. No entanto, há muitos, mas muitos lugares em nossa nação, onde falar espanhol é determinante para conseguir ou não um emprego. E muitos desses empregos serão ocupados pelas pessoas brancas privilegiadas que foram estimuladas a aprender espanhol.

Amalia: E as pessoas jovens latinas estão sendo forçadas a esquecer o espanhol e aprender inglês, para que tenham menos opções. Existe uma hostilidade tremenda em relação à educação bilíngue na Califórnia, em Massachusetts e em toda a região centro-oeste dos Estados Unidos. Parte disso tem a ver com a indústria da educação.

Como você comentou, há estados onde a adoção de livros didáticos é um grande negócio, com diretrizes estaduais estabelecidas para cada disciplina ou assunto. Há também a indústria de livros didáticos, que mantém contato constante com os conselhos escolares locais. Os livros didáticos estaduais fazem o que a Hallmark* faz com a poesia: apresentam uma realidade iludida e reduzida. Ainda assim nós os entregamos a nossas crianças e adolescentes – e depois nos perguntamos por que não estão aprendendo a ler! Além disso, nos últimos 20 ou 25 anos, os conservadores conseguiram tomar conta dos conselhos escolares e assumir a autoridade sobre os currículos, excluindo livros e docentes. Por fim, há a ênfase inabalável em testes e provas, encabeçada por George Bush e seus comparsas do No Child Left Behind [Nenhuma Criança Fica Para Trás]. Ensina-se com o objetivo de ir bem em testes e provas porque eles constituem a medida dominante, e as notas supostamente mostram se o ensino está dando certo ou não. Porém, tal quantificação da educação retira a qualidade da experiência de aprendizagem, uma abordagem que tem sido devastadora para as artes por estas não serem disciplinas testáveis – a música e as artes visuais quase saíram do radar e praticamente inexistem no currículo do ensino médio.

O método alfabético, por exemplo, é uma indústria enorme. Agora, em vez de falar sobre literatura estimulante e motivadora, de enfatizar a leitura dentro de um contexto

* A Hallmark é conhecida por seus cartões de comemoração de casamento, aniversário, Dia dos Namorados, mudança de emprego, nascimento de filho etc. Por muito tempo, as pessoas se valeram dos trechos de poemas de poetas famosos e mensagens açucaradas escritos nesses cartões para expressar o que sentiam, limitando-se a assinar embaixo e enviar. Essa empresa entrou em decadência com o advento de mídias eletrônicas, mas ainda é forte em algumas regiões dos Estados Unidos. [N. da E.]

com ilustrações belas e excelentes, muitas crianças passam apenas a soletrar palavras – e mais nada. Não sou contra o método alfabético, porém agora há uma indústria em torno de um certo tipo de alfabetização e um certo tipo de leitura, e de todos os movimentos novos que Bush vem fazendo na educação, que são "vocacionais". Passamos por um período na Califórnia, nos governos Wilson, Deukmejian e Schwarzenegger, em que as revisões das diretrizes estaduais sobre o ensino de história estavam a um centímetro do racismo. Tivemos que lutar, e ainda lutamos, para fazer com que as diretrizes estaduais de artes apoiassem a educação artística. Depois da Proposition 13, a educação artística desapareceu das escolas públicas da Califórnia*. A mudança na base de financiamento desestabilizou o ensino de artes nas escolas públicas da Califórnia; não há mais professoras e professores de artes nos anos iniciais do ensino fundamental e a educação artística é limitada nas escolas de ensino médio.

bell: Nós duas falamos sobre como as aulas de artes que pudemos fazer como estudantes de escolas públicas foram determinantes para que conseguíssemos adentrar o espaço artístico, principalmente na condição de crianças de famílias da classe trabalhadora. Minha teoria é que as pessoas no poder não querem que a arte seja um recurso acessível nas escolas por conta das consequências da criação artística na última era do multiculturalismo. As obras de Basquiat, Carrie Mae Weems e Lyle Ashton Harris são bons exemplos disso, de como a arte se tornou um veículo para

* A Proposition 13 é uma emenda à Constituição da Califórnia, aprovada pelos eleitores em 1978, que reduziu os impostos sobre a propriedade. Como essa emenda reduziu drasticamente esses tributos, eles deixaram de ser a principal fonte de financiamento escolar. [N. da E.]

narrar lutas e demandas de pessoas marginalizadas. A criação artística fornece um processo em que podemos explorar nossas experiências de vida – inclusive as experiências de preconceito, racismo e homofobia – e torná-las públicas. É por isso que a arte agora é percebida de maneira diferente de como era antes; é vista como um veículo para a mudança, como uma força capaz de quebrar barreiras e expor desigualdades. Então, as pessoas racializadas e pobres são impedidas de ter acesso à arte porque existe o medo de que, caso coloquem as mãos nela, escrevam suas próprias histórias e entendam o valor de suas vidas. Expandindo, não se trata apenas do acesso à arte, mas à educação como um todo.

E quando reflito sobre o meu desenvolvimento como artista e intelectual, torna-se evidente para mim que as ações afirmativas desempenharam um papel enorme. Sem elas, eu nunca teria ido para Stanford. Precisaria frequentar uma faculdade mais perto de casa, onde eu nunca seria reconhecida como uma pensadora pelo corpo docente. As ações afirmativas foram atacadas por serem um sucesso, não por serem um fracasso.

É importante lembrar que muitas mudanças nos *campi* dos Estados Unidos na década de 1960 ocorreram porque as pessoas negras insistiram no acesso à educação com tanta intensidade que conseguimos conscientizar muitos de nós. Meu próprio despertar político aconteceu no primeiro ano de faculdade, quando li a *Autobiografia de Malcolm X* para minha aula de estudos negros. Basta ver Angela Davis, Alice Walker e Toni Cade Bambara – tantas pessoas oriundas da classe trabalhadora foram capazes de desenvolver uma consciência crítica em instituições conservadoras. Apesar de tantos obstáculos, as ações afirmativas criaram uma classe educada de pessoas racializadas. Portanto, não é por acaso que vivemos agora uma retaliação. E atualmente não se trata apenas de um ataque às ações afirmativas, mas também aos campos de estudos sobre as mulheres, os estudos negros, os estudos chicanos e por aí vai.

Os discursos sobre democracia, diversidade e direitos civis neste país muitas vezes se deram num nível filosófico, mas tão logo esses discursos se engajam para forçar a mudança, obrigar o poder a mudar de mãos e gerar capacidade de ação para as pessoas racializadas, as pessoas chegam e dizem: "Ah, na verdade não precisamos mais fazer isso, já alcançamos esse objetivo". Em outras palavras, já falamos sobre isso – então não precisamos *fazer* isso. Como você mesma falou, as ações afirmativas tinham a ver com *fazer*. Fazer escolhas em relação a recursos. No entanto, muitas pessoas racializadas jovens acreditavam que não precisavam de ações afirmativas, até perderem esse direito. Agora vemos estudantes de fato insistindo pela preservação desses programas. Protestos e outras campanhas puseram em evidência as demandas estudantis de que a universidade encontre maneiras de apoiar pessoas estudantes racializadas, *além de* estudantes da classe trabalhadora.

Amalia: Acho que houve uma grande confusão em torno das ações afirmativas. Por exemplo, os programas nas escolas primárias que identificavam jovens mulheres e pessoas racializadas que poderiam se interessar em seguir uma carreira científica nem sempre financiavam a entrada delas em Yale ou Stanford. Esses programas eram só primeiros passos.

Falando nisso, gostaria de voltar a falar de língua. Shelby Steele e Richard Rodriguez, por exemplo, são pessoas racializadas inseridas em certos discursos para regulá-los. Agora que cumpriram seus deveres, não ouvimos mais falar desses indivíduos.

Um dos primeiros lugares onde foi distribuído o livro de Richard Rodriguez, *Hunger of Memory* [Fome de memória], foi o periódico educacional do sindicato de professores. Alguns dos capítulos acabaram incluídos numa série de publicações do sindicato de professores ao mesmo tempo que a educação bilíngue começava a ser desafiada. O sindicato inteiro tinha virado as costas para a educação bilíngue, em grande parte porque esta privilegiava a experiência e a competência de professoras e professores racializados, que não constituíam o principal eleitorado da liderança do sindicato.

Assim, esse escritor permitiu que usassem seu trabalho para desmantelar a educação bilíngue e criar obstáculos contra as ações afirmativas. Richard Rodriguez *sabia* que nunca chegaria aos lugares que chegou se não fosse pelas ações afirmativas, e que ele mesmo praticara sua própria ação afirmativa. Mas disfarçou as dificuldades que enfrentou como homem gay racializado em outros contextos. Por exemplo, quando ele fala sobre privação de direitos, sobre o desconforto com sua família, isso não tem a ver apenas com o fato de ele ser um mexicano de pele escura. Isso certamente era parte da questão, mas ele estava falando mesmo era da ruptura, da crise e da alienação da sua vida interior e secreta, e como isso nunca tinha sido compreendido. Então ele misturou as duas experiências, como homem gay e como homem racializado, e as chamou de cultura, ou "etnia".

bell: Mas ele fez essa escolha por um motivo, que tem a ver com a maneira com que se constrói o *status* de celebridade, fama e recompensa. Me disseram que, se eu assumisse uma posição conservadora – por exemplo, se atacasse as políticas de assistência social ou as ações afirmativas –, eu conseguiria certos tipos de aprovação da cultura dominante. Como pessoas racializadas, sabemos que, quanto maior o grau da assimilação, maior a recompensa. Estamos todas vulneráveis a essa sedução, e pessoas como Shelby Steele, Richard Rodriguez, Dinesh D'Souza e Ward Connerly deram vazão a isso.

São pensadores inteligentes, mas, como não têm nada de especial, não produziram trabalhos que exigissem que as pessoas os notassem, essa foi a única maneira de driblar a hierarquia orgânica. E quando terminaram o trabalho e se tornaram as pessoas racializadas que se manifestaram contra ações afirmativas, puderam ser dispensados. Agora não precisamos de um Shelby Steele, porque as vozes dos homens brancos estão em seus devidos lugares e podem dizer várias coisas sem serem vistas como racistas, pois podem referenciar os trabalhos de Richard Rodriguez, Shelby Steele e James McWhorter. Isso também dificultou a resposta das pessoas racializadas, porque muitas de nós sentimos que precisamos ter cuidado ao criticar outra pessoa racializada.

Amalia: Na década de 1990, Connerly foi a principal figura na campanha contra as ações afirmativas no sistema da Universidade da Califórnia. Como um homem negro que ganhara pontos com todos os conservadores, ele liderou a campanha. E quem poderia questionar um homem negro dizendo que as ações afirmativas deixaram as pessoas negras acomodadas? Chegou um momento em que até a família dele comentou que ele estava fugindo da própria negritude, mas isso não fez diferença. Ele conseguiu realizar uma cruzada contra as ações afirmativas e desmantelá-las na Califórnia. Depois partiu para outros estados! Só um homem negro poderia ter feito isso...

bell: Seria ainda mais empolgante para o estado da Califórnia se um homem chicano tivesse feito isso...

Amalia: E veja Linda Chavez, que foi a primeira escolha de Bush para secretária do Trabalho no seu primeiro governo. Se ela não mantivesse imigrantes ilegais em condições quase escravistas, provavelmente teria sido nomeada. Conforme essas pessoas seguem emergindo como forças políticas poderosas, a questão passa a ser se teremos ou não uma contraliderança. Eis aí um dos dilemas atuais: onde está nossa liderança na educação? Onde está a liderança em termos de recursos culturais? A liderança em nossas comunidades? No atual governo Bush, arquiconservadores como Alberto Gonzales – que apoia a tortura legalizada de pessoas detidas e o grampo telefônico de pessoas estadunidenses – estão na linha de frente. Desde César Chávez, nenhuma outra figura pública mobilizou assim os compromissos emocionais e políticos de grandes números de pessoas chicanas. São questões muito importantes para esse grupo, especificamente.

bell: Parte dessa crise me enfurece, Amalia, porque parece ser uma crise de gênero. Por exemplo, você é carismática, você é brilhante, é corajosa e ama a justiça. Não há motivo para que não seja uma das lideranças sobre as quais vem falando, mas o que sempre vemos gravado na consciência das pessoas negras e latinas é que precisamos ter líderes homens. Podemos estar em meio a visionárias poderosas, mas ainda assim as pessoas não as seguirão.

Penso muito em Angela Davis. Ela pode não ter desejado liderar massas de pessoas durante a vida, mas, se George Jackson tivesse sobrevivido, é difícil acreditar que ele não teria recebido autoridade para fazê-lo. As pessoas nunca deram essa autoridade de fato a Angela Davis, porque o discurso dominante privilegia a masculinidade ameaçada dos homens racializados. Cada vez mais esse discurso desvaloriza a sabedoria, o intelecto e a liderança de mulheres racializadas. As pessoas agem como se "ah, legal termos todas essas mulheres boas e poderosas, mas precisamos de líderes de verdade...".

Amalia: Quando a salvação de nossos homens, que estão em perigo e em risco, se dá às custas da extinção das oportunidades de mulheres, estamos mais uma vez arriscando nossas comunidades.

bell: Uma das questões com as quais trabalhei no sistema de escolas públicas e nas turmas universitárias foi preparar homens negros para receber conhecimento vindo de mulheres, um conhecimento que aumentará a capacidade deles de viver plena e profundamente. Para chegar lá, precisamos ultrapassar tantos condicionamentos sexistas. Eles foram encorajados a negar os recursos que as mulheres se dispõem a compartilhar com eles, então precisam passar por uma conversão feminista para conseguir apreciar e utilizar a sabedoria que suas professoras, parentes e colegas de trabalho lhes oferecem. Acho incrível que cada vez mais homens negros que conheço estejam fazendo isso. Homens negros conscientizados em todo o país me dizem: "Por que eu deveria viver para sempre o luto da perda de Malcolm X e ficar preso nisso, se as mulheres pensadoras são capazes de me liderar rumo à liberdade?" Acho que esse é o tipo de revolução de que precisamos. Na outra direção, há a ênfase conservadora constante nas escolas especiais para meninos negros.

Amalia: Escolas militares.

bell: Sim. A educação para meninos negros é impregnada de imperialismo. A mensagem é que os meninos negros devem aprender disciplina e punição desde o ensino fundamental para que estejam preparados para serem assassinos disciplinados em nome da nação – não para serem gângsteres nas ruas, mas para serem soldados que Bush pode enviar para o Iraque ou o Irã. Creio que isso também vale para os homens latinos. Sempre que falamos sobre pedagogia e crianças racializadas, precisamos falar sobre educação libertadora. Precisamos falar sobre o fato de que, ainda que muitas crianças negras precisem de disciplina, elas podem aprender disciplina em escolas Montessori, podem aprender disciplina em salas de aula abertas como as que você coordenou em San Francisco. Elas podem aprender disciplina de inúmeras formas. O militarismo não é a única forma de aprender disciplina. A punição não é a única forma de aprender disciplina.

Muitos homens que tiveram uma educação militar ou militarista se comportam com grande dignidade e honra no espaço público, depois vão para casa e abusam e envergonham emocionalmente suas famílias. Para eles, não existe conexão entre a capacidade de se comportarem de forma ética e honrada fora de casa e o comportamento violento e abusivo que têm nos seus relacionamentos íntimos. Isso parece importante de dizer porque muitas pessoas negras são seduzidas pela propaganda da educação estilo campo de treinamento, da educação militar voltada para jovens negros. O raciocínio é que essa educação os preparará para serem patriarcas responsáveis. Se não questionarmos isso, talvez um dia vejamos escolas de campo de treinamento para meninos negros financiadas pelo estado que serão obrigatórias, no lugar de escolas públicas. Na essência, serão reformatórios, porém terão esse nome, e na verdade serão legisladas como uma alternativa à prisão. Então é melhor a gente acordar e voltar à escola pública como o espaço da revolução, retornar à sabedoria dos Panteras Negras: devemos nos educar para a consciência crítica no nível escolar fundamental. Não aos 20 nem aos 18 anos, mas no momento em que se aprende a ler e escrever.

Amalia: Essas escolas são uma extensão de nossos próprios racismos internalizados. Aprendemos a acreditar que já de cara produzimos jovens violentos, impulsivos e descontrolados, e que a única maneira de os educar é controlá-los e puni-los externamente. Mas, se existe uma coisa que sabemos sobre desenvolvimento humano, é que a disciplina é sustentada pela capacidade de fazer as próprias escolhas e pela compreensão da relação entre causa e efeito. Uma pessoa não aprende a ser disciplinada por meio de punição, manipulação e medo. A menos que criemos uma pedagogia que, em casa e na escola, ofereça às pessoas jovens oportunidades de tomar decisões e respeite suas escolhas, elas não conseguirão ter disciplina.

Quando comecei o projeto de regeneração na Galería de la Raza, foi nossa primeira tentativa de desenvolver uma nova liderança chicana a serviço de nossas comunidades. Recrutamos jovens pessoas artistas latinas, de 18 a 36 anos, e as convidamos para *workshops* e encontros em San Francisco, muitos anos atrás. Começamos achando que seria um projeto intergeracional, incluindo artistas como Judy Baca, Carmen Lomas Garza, Ester Hernández e outras, achando que tínhamos algo para entregar à juventude. E, bem, essas pessoas jovens queriam nossas histórias, mas, mais do que tudo, queriam nossa presença atenta como pessoas mais velhas. Com isso, tiveram a coragem de pegar o projeto e transformá-lo no que queriam. Criaram as próprias exposições, criaram os próprios encontros artísticos, os próprios zines on-line, os próprios programas de contraturno escolar, o próprio currículo de educação artística. Só precisavam do nosso respeito, do nosso convite e da nossa presença atenta: tendo isso, podiam seguir em frente.

O que vi nessa nova geração foram chicanas mestiças, gays e lésbicas, chicanas e chicanos de classe média que não se pareciam com a gente, mas que ainda assim queriam muito fazer parte daquele processo. E a única coisa que precisamos fazer foi estar presentes, estar com elas e eles, para que tivessem coragem de dar o próximo passo. Mas, se não acreditarmos nessas pessoas, se não as respeitarmos, elas não vão conseguir. Pois terão não apenas que resistir à grande sociedade branca, mas também a nós, por termos nos recusado a ver seu potencial, e terão que nos ensinar isso a grandes custas.

bell: Ou então continuarão a pensar que precisam nos apagar e nos dominar em nome do pensamento supremacista branco colonizado. Estamos falando essencialmente sobre a diferença entre a pedagogia do oprimido e a pedagogia contínua do genocídio.

4

CULTURA PÚBLICA

Amalia: As pessoas sempre me perguntam: "Por que você chama isso de arte visual e pública, por que não chama só de arte visual ou só de arte pública, por que você diz as duas coisas?" Se dissermos simplesmente "arte visual", podem achar que estamos falando da produção individual de objetos de beleza. Se dissermos "arte pública", podem achar que estamos falando apenas daquelas coisas grandes, enormes, gigantescas. Para que possamos desenvolver uma linguagem sobre artistas que trabalham em contextos públicos, precisamos começar a falar sobre produzir cultura pública.

Já falamos sobre cultura pública, mas ela se sobrepõe de certa maneira à cultura popular. Poderíamos estar falando sobre filmes, paisagens, murais ou iniciativas e celebrações coletivas, como o Dia dos Mortos. Poderíamos estar falando sobre museus que recebem financiamento público, porém em geral os percebemos como entidades privatizadas. Então, para falar sobre cultura pública, é preciso falar do que chamamos de "cultura". Por muitos anos, aguentamos o fardo de uma palavra que começa com C maiúsculo, atrelada a uma narrativa dominante na qual via de regra não temos lugar. No lugar dela, temos culturas pequenas, com *c* minúsculo – cultura chicana, cultura negra.

bell: Onde você começou a pensar sobre cultura? Quando eu era uma menina negra do sul numa família da classe trabalhadora, acho que nunca ouvi ninguém falar de cultura. Onde a cultura entrou na sua vida?

Amalia: Na minha vida mexicana, as pessoas muitas vezes diziam *nuestra cultura*, ou nossa cultura. Não estavam falando necessariamente de obras de arte, mas sobre a maneira como alguém se comporta, suas visões de mundo, a importância de relacionamentos respeitosos entre as pessoas. Para mim, a cultura pública sempre teve dimensões sociais.

bell: Na minha criação sulina, a cultura sobre a qual aprendi foi a "alta" cultura, não a "baixa" cultura. Fui ensinada que a cultura europeia – música clássica branca ocidental, teatro, ópera, todas essas coisas – era o que as pessoas educadas conheciam.

Amalia: Isso também fez parte da minha experiência. Por exemplo, quando minha mãe limpava a casa de pessoas endinheiradas que trabalhavam na Marinha em Moffet Field, no lugar onde hoje é o Vale do Silício, elas nos davam o que não queriam mais. Às vezes, recebíamos coisas como um frasco de perfume que, fora por um leve trincado, era perfeito. Eu enchia o frasco com água para sentir o cheiro do perfume. Eu sabia que existia um outro mundo que era "culto", mas de certa maneira me sentia apartada desse mundo e não extraía nada dele.

bell: Quando eu era criança, minha mãe e meu pai fizeram questão que eu saísse da cidadezinha onde fui criada para visitar um museu. Mas, quando vim a Los Angeles pela primeira vez, com 20 e poucos anos, fiquei chocada ao conhecer muitas pessoas negras que nunca tinham visitado um museu, mesmo que morassem bem perto de um.

Amalia: Essa é uma das perguntas que fazemos há vários anos: como as instituições públicas se tornam privatizadas? Por que as pessoas pobres ou da classe trabalhadora se sentem desconfortáveis ao entrar em museus? Afinal de contas, todo mundo paga impostos para manter os museus abertos. Esta foi uma das grandes lutas "multiculturais": desafiar o museu, um local privatizado, a se tornar mais aberto e público.

E, é claro, a mídia gratuita ou barata é um elemento da cultura pública. Nós duas já discutimos a profunda manipulação de imagens de mulheres racializadas – principalmente na publicidade e na televisão – e como se borraram as fronteiras entre a pornografia e as representações de mulheres na cultura de massa.

bell: O motor por trás de tudo isso é o capitalismo, que exige que tudo esteja acessível e disponível para todas as pessoas consumidoras. Por exemplo, lembro a primeira vez que estava vagando por um aeroporto e deparei com uma loja da Victoria's Secret, cheia de roupas íntimas sensuais e reveladoras nas vitrines. E fiquei me perguntando, *quem* precisa de uma Victoria's Secret no aeroporto, sabe? Nas vitrines, o visual borra a distinção entre público e privado. Evoca sutilmente o olhar pornográfico, que em geral é um prazer privado e secreto. Agora o capitalismo incita todas as pessoas a cultivar um olhar pornográfico – somos todas convidadas a olhar. Não há mais a sensação de que apenas pornógrafos olham para mulheres, desejam mulheres e desejam violar e mutilar mulheres. Há quem entenda que vivemos numa cultura de estupro, uma sociedade que nos encoraja a sermos pornógrafos simbólicos.

É isso também que a MTV está fazendo, e eles têm um longo alcance. Se você olha para a trajetória de corpos de jovens mulheres negras (ou etnicamente indeterminadas – os corpos femininos negros praticamente desapareceram da tela), percebe que o corpo birracial é idealizado. A mulher de pele escura de tom mais claro com cabelos longos e lisos é identificada pelos pornógrafos patriarcais como o objeto sexual ideal.

As mulheres asiáticas também estão sendo objetificadas – basta olhar para filmes como *Memórias de uma gueixa*, *As Panteras* e *O tigre e o dragão*. Apesar das discussões úteis e elucidativas sobre racismo e imperialismo branco, muitas delas provocadas pelo *Orientalismo* de Edward Said e outros textos, as pessoas agora falam abertamente que as mulheres asiáticas estão "na moda", como se nunca tivesse havido uma crítica a essa objetificação racista e sexista.

Por exemplo, muitos anos atrás, Wesley Snipes foi entrevistado na *Ebony* e revelou que prefere mulheres asiáticas a mulheres negras, pois "elas sabem servir". Além de promover estereótipos nojentos, no momento em que diz isso publicamente, ele põe em confronto mulheres asiáticas e mulheres negras numa economia que é sexista, misógina e pornográfica. E as mulheres não conscientizadas podem achar que deveriam estar brigando umas com as outras pelo privilégio de "servi-lo". É esse tipo de sexismo pornográfico e racializado que se tornou a norma.

Vemos isso novamente no filme *Sideways: Entre umas e outras*, em que Sandra Oh é retratada como uma mulher que faz uso de drogas, é sexualmente promíscua e é mãe solo de uma criança negra de pele escura.

Amalia: Isso me leva de volta a Jennifer Lopez. O pai de Jessica Alba é mexicano, e ela está sendo construída de maneira parecida. Ambas são latinas mestiças, mas costumam ser vendidas como brancas ou latinas brancas. Contudo, não são completamente desracializadas; nunca "passam" *completamente*. As pessoas podem até não reconhecer Jennifer Lopez como uma porto-riquenha etnicamente negra, mas, tal como acontece com outras mulheres negras, prestam muita atenção na bunda dela. Ela foi transformada numa hotentote contemporânea, e isso aconteceu porque a cultura negra foi usurpada. Eu sei que você disse que a bunda negra ficou familiar demais, clichê demais. Não sei bem se a bunda negra "acabou", mas esse tipo de objetificação vem se multiplicando, se deslocando.

bell: Uma das mensagens é que nós, mulheres racializadas, não podemos entrar na cultura pública se não estivermos dispostas a vender ou mercantilizar nossos corpos, seja como objetos sexuais ou como empregadas. Ou as duas coisas.

Amalia: O corpo que trabalha.

bell: Pois é. *Nunca* podemos deixar de ser representadas como o corpo que trabalha. Independentemente do papel que desempenhamos, precisamos ser trabalhadoras. Ainda que as pessoas digam que hoje há mais pessoas latinas na TV ou no cinema, essas imagens são construídas dentro de uma iconografia racista e sexista. Raramente há personagens ou situações contra-hegemônicas. Não sei quantas pessoas assistiram a *A mexicana*, lançado uns anos atrás, mas achei bastante interessante. Tem uns momentos de intervenção radical. No filme há uma crítica à cultura supremacista branca, às maneiras racistas e sexistas como as pessoas estadunidenses brancas enxergam o país, embora os trailers do filme tenham enfatizado a noção de supremacia branca em relação ao México. Ironicamente, o filme na verdade desafia muito do imperialismo cultural branco na fronteira, com cenas incríveis. Por exemplo, tem uma cena em que vários homens brancos diferentes estão falando que o carro que querem é "autenticamente" mexicano, enquanto os homens mexicanos caçoam deles em espanhol.

Mas o trailer me disse para ficar longe: senti que não precisava ver mais uma representação racista de pessoas mexicanas. Aí alguém me disse que eu deveria ver o filme. Fiquei na dúvida se os produtores pensaram que, se revelassem às pessoas do que o filme na verdade tratava, elas não iriam assisti-lo. Nesse caso, o racismo foi uma ferramenta de marketing: eles não queriam nos dizer que o filme desafia o racismo. Pelo contrário, parecia até que ele reproduzia os mesmos estereótipos racistas de sempre.

Temos que criticar constantemente a cultura imperialista patriarcal supremacista branca porque ela é muito normalizada pela mídia de massa e tratada como se não fosse problemática. Os produtos da mídia de massa oferecem as ferramentas da nova pedagogia. Grande parte da cultura de massa chega até nós pela televisão e pelo cinema porque cada vez mais as pessoas sentem medo de sair de casa e ir a bairros ou espaços desconhecidos, como museus. Além disso, não têm renda disponível para a cultura. Querem encontrar o outro num espaço onde tenham controle sobre a imagem. Você pode se deleitar com a imagem do homem negro gângster mau na tela e depois expressar seu medo racializado ao encontrar homens negros reais no dia a dia.

Amalia: Também podemos falar da relação entre censura e raça e representação. Por exemplo, nos últimos 15 anos, o National Endowment of the Arts [Fundo Nacional para as Artes] quase foi destruído pela censura. E essa tendência "governamental" afetou e infectou a sociedade de maneira geral. Uma das coisas que observei é a forma como a arte pública vem sendo bloqueada, bem como quem decide que tipo de arte entra em que tipo de comunidade. Estamos falando de pré-censura em relação à arte pública.

bell: Quando você estava falando sobre que tipo de arte entra em que tipo de comunidade, fiquei pensando que nossas comunidades e bairros deveriam ter seus próprios centros, com galerias de arte para celebrar a história da arte das pessoas que vivem lá, além de educar pessoas que não pertencem a essas comunidades. Seria uma forma de tornar a cultura acessível.

Amalia: Eu costumava acreditar que a arte pública poderia constituir uma fonte de poder transformador para as pessoas interessadas em mudança social, que permitiria que comunidades marginalizadas documentassem e registrassem suas histórias. No entanto, nos últimos 15 anos, mais ou menos, testemunhamos batalhas intensas e agressivas acerca do controle e da censura no espaço público.

Um ótimo exemplo disso é a polêmica em torno de *To Protect and Serve* [Proteger e servir], de Noni Olabisi, um mural sobre a história do Partido dos Panteras Negras. Na minha universidade, na disciplina Formas de olhar, ensinamos a história em torno do projeto de Olabisi. O mural enfrentou enorme resistência por parte dos membros do conselho de Los Angeles, que conseguiram restringir e controlar a tomada de decisões e impedir o financiamento público. No fim, foi necessário levantar financiamento privado para concluir e instalar a obra.

Obviamente, há ainda outras maneiras de censurar artistas e, em alguns casos, participamos da censura sem saber. Por exemplo, uma pessoa artista é contratada para construir um portão para um grande parque da cidade, a fim de guardar a entrada e a saída. Na verdade, o que as autoridades querem é fechar esse espaço e impedir a entrada de pessoas em situação de rua e outras "indesejáveis". Para algumas autoridades da cidade, "embelezamento" significa eliminar dos espaços públicos todas as evidências de falta de moradia e pobreza – os governos acreditam que esses elementos desfiguram a paisagem visual, e os departamentos e as comissões municipais de arte seguem o mesmo ritmo. Desse modo, as pessoas artistas podem ser envolvidas inadvertidamente em sistemas de vigilância e controle social.

Muitos anos atrás, fui convidada para dar uma palestra sobre arte pública numa conferência em Los Angeles, no Biltmore Hotel. Para quem não sabe, o Biltmore fica em frente a uma grande área aberta chamada Pershing Square. Pershing foi um assassino de pessoas indígenas e odiava pessoas mexicanas, além de ser general. A cidade contratou um arquiteto mexicano conhecido, Ricardo Legrorreta, para projetar uma peça pública para a Pershing Square. Recrutaram um mexicano para construir uma homenagem a um homem que odiava pessoas mexicanas, incluindo uma série de paredes coloridas que possibilitam que o hotel e outros proprietários corporativos perto da praça se isolem das pessoas mexicanas que se situam do outro lado da praça. Há grandes perguntas acerca da economia e da política em torno da arte pública, e se ela pode ou não servir à comunidade, porque na arte pública as pessoas artistas estão ajudando o governo e as entidades empresariais a controlar, em vez de liberar, o espaço.

bell: Mas as pessoas artistas não são as únicas pessoas marginalizadas que controlam o mercado imobiliário. Pense no papel colonizador que os homens gays brancos ricos desempenharam nas comunidades racializadas; eles costumam ser o primeiro grupo a gentrificar bairros pobres e da classe trabalhadora. O Harlem é um bom exemplo. Os homens gays se mudaram para lá e fizeram o preço dos aluguéis disparar, e o mesmo se deu com as pessoas jovens estudantes brancas renegadas, que querem ser descoladas e modernas. É a colonização, ao estilo pós-colonial. Afinal, as pessoas que são "enviadas de volta" para recuperar o território são sempre as que não se importam em se associar às pessoas racializadas! E é um dilema, porque algumas dessas pessoas poderiam ser aliadas. Alguns homens gays brancos são proativos acerca do racismo, mesmo sendo empresários. Porém, no fim das contas, eles tomam os espaços, reformam e vendem por uma certa quantia de dinheiro, enquanto as pessoas que estavam lá são destituídas de seus lugares.

Em alguns casos, as pessoas racializadas do lugar são percebidas como inimigas pelos brancos recém-chegados. Certa vez eu estava num restaurante chique em San Francisco e escutei pessoas brancas dizerem ao dono do restaurante: "Não queremos um garçom com sotaque." Eles tinham ido jantar no Mission, um bairro onde moram pessoas racializadas, mas exibiam de forma explícita o próprio racismo e a própria supremacia branca. Ironicamente, o dono branco do restaurante era europeu e tinha sotaque, porém o dele era aceitável.

É de fato o que vemos ao observar o que vem acontecendo no Harlem; assistimos ao desaparecimento da comunidade como a conhecemos. Um dos primeiros atos da apropriação branca do Harlem foi eliminar a feira africana, um local de cultura pública. Os feirantes não traziam apenas seus produtos, traziam arte caseira, fosse comida, música ou artesanato. Então, quando o estado elimina feirantes, também leva embora a cultura pública. E assim começa o processo de colonização desse território, fazendo dele um espaço que não é mais visivelmente negro.

Um dia, o Harlem não vai ter mais quase nada a ver com as pessoas negras reais – a representação da comunidade como uma "meca negra" será usada apenas para vender produtos. Famílias heterossexuais brancas e ricas estão se mudando para o meu bairro, o West Village, dizendo: "Esse bairro é muito gay, não queremos ver certas coisas na rua." E nós, é óbvio, pensamos: então por que vocês vieram para cá, se não querem ver certas coisas na rua? Mas a questão é que eles têm o dinheiro e o poder dentro da cultura pública. Têm o apoio da polícia e do prefeito, então podem mudar a natureza desse bairro.

Novamente, volta a pergunta: de quem é a propriedade da cultura pública, para quem é a cultura pública? Antes do furacão Katrina, Nova Orleans tinha uma enorme população negra e uma cultura negra próspera. Isso acabou. Foi destruído, e a gente branca racista está contente. Querem apenas uma pequena quantidade de negritude pública para os turistas e nada mais. A "nova" Nova Orleans reconstruída não terá a história e os sabores da diáspora negra nem será um centro de poder negro.

Amalia: Acho que as grandes perguntas podem ser: de quem é a propriedade do espaço público, quem molda esse espaço, e como se define o espaço público? Às vezes uso Los Angeles como exemplo, porque a cidade tem uma história bastante relevante para as pessoas mexicanas, principalmente em relação à produção de lugares. No final do século XVIII, a maioria dos fundadores da cidade de Los Angeles era, na verdade, descendente de pessoas africanas, mestiças ou indígenas. Só meia dúzia de pessoas mexicanas ajudou a fundar a cidade de Los Angeles. Apesar disso, "El Pueblo de Nuestra Señora la Reina de los Angeles del Río de Porciúncula" foi o nome dado a esse lugar.

Muitos anos depois, no século XX, vemos a revitalização em andamento em Los Angeles. Sonoratown é demolido, e Chavez Ravine, um *barrio* muito histórico, é evacuado, para que o Dodger Stadium possa ser construído. Depois disso, Bunker Hill, outro bairro mexicano, é realocado para dar espaço à construção de um centro de música. À medida que Los Angeles foi sendo revitalizada, um grande número de pessoas mexicanas foi realocado e deslocado. Mas o passado não pode ser completamente apagado. Todo lugar é assombrado pelas pessoas que viveram lá primeiro.

Eu aprecio teóricos da arte como Edward Soja, Henri Lefebvre e outros, porque eles exploram como paisagens inocentes na verdade disfarçam relações de dominância e poder; quando olhamos para o espaço, conseguimos descobrir quem viveu lá antes. Na superfície, existem todas essas histórias falsas e dicotomias na arte, na cultura pública e no espaço público. Como pessoas racializadas, muitas de nós sabemos quais são as histórias reais, então em geral conseguimos ver o que está acontecendo por baixo.

bell: Pensem nisso, pessoas racializadas, quantas vezes entramos num banco ou numa biblioteca, qualquer lugar, que tenha uma imagem que agride nosso ser? Provavelmente aquela não é uma "paisagem inocente", e sim outra imagem que brinca com nossa hipervisibilidade ou nossa invisibilidade dentro da cultura dominante. Quantas vezes sentimos que temos o direito de ir falar com a pessoa que decidiu pôr aquela imagem ali? Em geral, sentimos que somos impotentes diante de imagens assim. Ao mesmo tempo que nossa arte e nossas pessoas artistas sofrem censura, sentimos que não temos o direito de questionar as escolhas das imagens que são expostas nos espaços públicos.

Enquanto conversamos, percebo quantos casos de censura envolvendo pessoas racializadas tiveram a ver com religião e sexualidade. Em nossa sociedade, a religião tem sido uma força que domestica e subordina as pessoas racializadas, o que se intensifica na primeira metade do século XX. As interpretações patriarcais racistas do cristianismo, por exemplo, são generalizadas e influenciam a vida das pessoas racializadas. Observe a igreja negra tradicional e o papel que ela desempenhou para tornar as pessoas negras conservadoras e as colonizar. No mundo todo, o cristianismo fundamentalista é usado para manter as pessoas racializadas subordinadas. E como o uso e a presença da direita cristã na mídia continuam aumentando, eles não estão tendo problemas com a diversidade – pessoas negras e latinas estão se juntando a eles, espalhando ódio contra gays e lésbicas e apoiando a guerra e outras formas de fascismo e repressão.

Mas é um momento irônico, em termos de representação, religião e política. Nos Estados Unidos, muito se fala sobre mudanças demográficas e a crescente população latina. Bush emprega algumas pessoas racializadas em seu gabinete. Mas a maioria desses direitistas, de todas as classes, apoia leis de imigração conservadoras e punitivas e se opõem à educação bilíngue. É óbvio que a dinâmica do poder não está mudando em termos fundamentais, apesar das mudanças numéricas. Enquanto nossa nação se recusar a apoiar a educação bilíngue, por exemplo, estaremos na verdade apoiando o *status quo*: a criação e a manutenção de uma classe servil para patriarcados capitalistas imperialistas brancos. Vai ser assim, a menos que comecemos uma revolução aguerrida em torno do letramento.

Na verdade, precisamos reconhecer que, se não nos esforçarmos o suficiente em relação à educação, só estaremos reproduzindo um corpo transgressor, mas elitizado, de pessoas intelectuais, artistas e escritoras negras, latinas, asiáticas e indígenas individualmente privilegiadas e apartadas das comunidades de onde vieram. É contra isso que precisamos trabalhar constantemente.

Amalia: Muitas das minhas amizades e eu escolhemos lecionar na minha universidade porque foi a primeira instituição que afirmou: "A diversidade é fundamental para a nossa missão." A Universidade Estadual da Califórnia na baía de Monterey está comprometida em servir as pessoas estudantes sub-representadas, pessoas pobres da classe trabalhadora e estudantes universitárias de primeira geração, que são misturadas a estudantes de outras origens. De modo que, ao descer a Blanco Road – a "estrada branca" entre o *campus* e Salinas –, temos certa consciência de que criamos novas oportunidades aqui para a classe servil da qual você falava.

Mas resistência, resiliência e compaixão nem sempre se aprendem nos livros. São coisas que muitas pessoas da classe trabalhadora e pobres conhecem intimamente. Em espanhol, quando alguém não se comporta, dizemos *es mal educado*. Isso não significa que essa pessoa não tem diplomas ou educação formal o suficiente, significa que não sabe como tratar as outras pessoas. Não recebeu "educação em casa". A educação formal é essencial, mas não é a única coisa que precisamos para nos dar bem na vida.

bell: Não é a única maneira de conhecimento. No meu livro sobre classe, *Where We Stand: Class Matters* [Onde nos posicionamos: Classe importa], escrevo sobre como seria diferente se víssemos as pessoas pobres como guias, como pessoas com quem podemos aprender. Basta observar, por exemplo, a tendência de "viver de forma simples" e "viver com menos" na cultura de massa. As pessoas em nosso país que são *forçadas* a viver diariamente com menos são as pobres, mas nós as menosprezamos, em vez de as admirarmos por sua engenhosidade. A imagem predominante das pessoas pobres na mídia de massa ainda é de uma classe criminosa, e não, com toda a certeza, de uma classe capaz de ensinar.

Nesse sentido, a cultura dominante nos diz todos os dias que as pessoas pobres não têm nada a oferecer. E isso só faz me relembrar de um mundo em que as pessoas escravizadas são as que criam a riqueza e, mesmo assim, nos dizem que as pessoas negras são preguiçosas.

Amalia: Também existe a imagem da pessoa mexicana que só dorme.

bell: Pois é. Na cultura dominante capitalista, as pessoas que mais trabalham ainda têm que suportar serem representadas como indignas, preguiçosas e pobres por escolha.

Amalia: As pessoas mexicanas são uma cadeia alimentar humana. Nós plantamos, cultivamos, colhemos, transportamos, preparamos, cozinhamos, servimos e depois limpamos. Apesar da necessidade absoluta do nosso trabalho, ainda somos vistas como ladras, como criminosas. E muitas de nós somos completamente vulneráveis, porque não temos os mesmos direitos de cidadania. Trabalhando na baía de Monterey, passo sempre pela Blanco Road e, toda vez que olho pela janela do meu carro, vejo pessoas trabalhadoras migrantes nos campos. Isso me traz sentimentos de culpa, raiva, alívio e respeito, tudo ao mesmo tempo, porque elas estão fazendo algo que minha mãe e meu pai fizeram, mas que eu não preciso fazer. Trabalham em condições imperdoáveis para nos alimentar, porém não conseguem moradia justa.

Quando eu era mais nova, minha mãe, meu pai e eu íamos de carro para uma praia próxima. Agora minha mãe e meu pai moram comigo, e eu os levo para dar esse passeio. Temos que pagar para entrar no mesmo lugar aonde antes íamos livremente, a 17 Mile Drive em Pebble Beach, pois agora é uma praia particular para gente rica. Mas só preciso descer a Blanco Road para ver outro grupo de pessoas que não têm recursos para moradia nem recreação adequada.

bell: Essas pessoas não podem ter uma vida privada, porque, como trabalhadoras, como as novas pessoas escravizadas, a vida delas não lhes pertence.

Amalia: Exatamente. E elas vivem suas vidas privadas em público.

bell: Quando penso sobre a escravidão – em que as pessoas negras não podiam usar o banheiro, escolher o que vestir ou onde morar – torna-se tão óbvio que há uma espécie de escravidão acontecendo hoje. Isso foi apontado por alguém que protestava contra as leis de imigração racistas e punitivas que estão sendo promovidas pelos conservadores. Vivemos numa economia e cultura de *plantation*, e isso me leva a refletir mais sobre a natureza do deslocamento e da falta de moradia.

Por exemplo, acredito que as pessoas negras dos Estados Unidos foram as primeiras "sem-teto" neste país. É importante elucidar: os povos indígenas sempre souberam que esta terra lhes pertence, apesar de lhes ter sido tomada à força. Após a abolição da escravidão, milhões de pessoas de ascendência africana se viram sem ter para onde voltar. Recentemente, tenho abordado a circularidade dessa falta de moradia e como tal deslocamento vem se repetindo. Em todo o país, o governo está fechando conjuntos habitacionais e cada vez mais pessoas negras estão sendo despejadas. E ninguém pergunta: "Para onde elas vão?"

Quando o Cabrini-Green, um imenso conjunto habitacional em Chicago, foi fechado, os artigos de jornais e revistas enfatizavam como as condições de lá eram precárias e como era positivo que as casas fossem destruídas. Nenhum deles destacou que as pessoas receberam avisos de realocação com uma semana de antecedência – elas eram obrigadas a sair, e nem sempre eram realocadas para novas moradias. Se sua família não tivesse recebido ou visto o aviso e não se realocado a tempo, você ficava sem casa. Agora, no rescaldo do furacão Katrina, estamos testemunhando a criação em massa da falta de moradia por parte do estado, principalmente entre a população negra. E quem está chamando a atenção para a natureza racial e de gênero dessa falta de moradia? Certamente não são os homens brancos poderosos.

Aonde quer que eu vá, as pessoas falam sobre a falta de liderança. Perguntam: "Estamos em crise, cadê nossos líderes?" E eu sempre digo: "Há muitas líderes na nossa comunidade. Elas são mulheres." Enquanto não acabarmos com o sexismo entre homens negros e latinos, não nos beneficiaremos dessa liderança. Muitas pessoas, tanto homens quanto mulheres, não estão dispostas a seguir uma mulher líder. Como celebração positiva e desafio, precisamos destacar a realidade de que a liderança feminina é o futuro. Somos a possibilidade de um novo mundo, um mundo mais humano, um mundo mais justo. E acredito que nós duas corporificamos a promessa de renovação, de um mundo onde mulheres como nós podem alcançar posições de poder. Mesmo reconhecendo as limitações impostas pelo sexismo e pelo racismo, podemos celebrar as lutas e as vitórias que nos trouxeram até aqui. Você e eu somos parte da alegria que existe na luta antirracista, a alegria de superar a misoginia em nossas vidas individuais para que possamos florescer como mulheres artistas.

E isso nos leva de volta à questão de classe e privilégio. O privilégio, por si só, não é necessariamente algo negativo; o que importa é o que fazemos com ele. Quero viver num mundo onde todas as mulheres tenham acesso à educação e onde todas possam, se quiserem, obter doutorados. O privilégio não precisa ser negativo, porém precisamos compartilhar nossos recursos e descobrir como usar esse privilégio de forma que empodere quem não o tem. Precisamos falar sobre educação compartilhada, não apenas sobre arte compartilhada. Precisamos falar sobre o poder da conversa como um ato radical.

5

MULTICULTURALISMO

bell: Como já discutimos, o multiculturalismo foi introduzido primeiro no mundo corporativo dos Estados Unidos, muito antes de qualquer discurso progressista sobre diversidade começar a ganhar espaço nas universidades e outras instituições. As empresas começaram as capacitações de diversidade porque os Estados Unidos estavam perdendo negócios no Japão e em outros países. Diferente dos europeus, as pessoas brancas estadunidenses não conheciam os rituais e os códigos culturais necessários e não se deram ao trabalho de aprendê-los de verdade.

O mundo dos negócios, o capitalismo, foi a primeira grande força nesse país a reconhecer a importância de aprender sobre "outras culturas". Disseram: "Se entendermos os códigos culturais, podemos explorá-los para lucrar. Podemos criar propagandas que mostrem pessoas escuras com pessoas loiras. Podemos usar essa história de diversidade a nosso favor." No entanto, quando o multiculturalismo chegou às universidades, a resistência entre as pessoas brancas foi bem maior – em especial entre as menos esclarecidas, que não viam nenhum benefício em adotar uma perspectiva multicultural.

Amalia: Eu vi como esse movimento começou a influenciar a educação pública no final da década de 1960. Vários currículos multiculturais começaram a ser implementados, porém ainda eram celebrações muito superficiais. Costumávamos brincar que, nesse ritmo, acabaríamos tendo um monte de crianças gordas e felizes que só sabiam dançar.

bell: Porque provaram comidas de todos os países do mundo!

Amalia: Exatamente. Esse multiculturalismo superficial foi promovido e levado adiante pela educação multicultural rasa fornecida nas escolas públicas. Isso difere dos avanços da academia em âmbito universitário, que desafiaram as visões limitadas das pessoas brancas – as pessoas docentes-ativistas que impulsionaram a criação dos programas de estudos negros estadunidenses, estudos latinos, estudos asiático-estadunidenses, estudos indígenas, estudos LGBTQIA+ e estudos de gênero, que, por sua vez, avançaram de maneira profunda e duradoura.

No entanto, o que ainda não está claro para mim, mesmo sendo participante e testemunha disso, é como o multiculturalismo influenciou a cultura de massa das artes e do entretenimento nos últimos 20 anos. Você acredita que essas mudanças estão conectadas às iniciativas dos negócios de treinamento para a diversidade?

bell: Com certeza. Lembre-se de que estamos lidando com uma classe de elites brancas que foram radicalizadas pelos movimentos dos anos 1960 e 1970, ou pelo menos expostas a eles. Não são mais como os capitalistas de antes. Muitos se tornaram conservadores em termos econômicos, mas continuam liberais nas questões sociais. Em vez de terem medo do "gueto", boa parte dessa gente branca foi a que desejou ir morar lá! Alguns deles até adotaram traços culturais negros ou de outros grupos "minoritários". Como empresários, eles não têm medo do "outro". Para eles, as populações negras e demais "minorias" são uma mina de ouro. Isso resume grande parte da mudança da mentalidade capitalista supremacista branca. À medida que a juventude da década de 1960 ocupa posições de poder, retorna ao patriarcado capitalista supremacista branco e se torna CEOs, não tem mais tanto medo da negritude. Está mais disposta a explorá-la e lucrar com ela.

Não é surpresa que homens brancos jovens – entre 30 e 40 anos – desempenhem um papel central na produção de hip-hop. As pessoas costumam esquecer isso, pois, ao criticar o rap e o hip-hop, com frequência imaginam que apenas jovens negros criam e produzem rap misógino. Na realidade, hoje em dia nada é produzido de forma unilateral. Como já discutimos, quando a cultura de rua é cooptada por grandes corporações, deixa de pertencer à juventude negra e latina que a criou. É reformulada com foco no consumo de massa. A misoginia e o sexismo exacerbados não são apenas uma tradução da rua para o estúdio de grande porte, são *produtos diretos* do estúdio de grande porte.

Amalia: Nosso ponto de vista sobre a evolução do multiculturalismo de fato difere. Fui ativista do movimento chicano no final dos anos 1960 e 1970, depois trabalhei em instituições comunitárias e entrei para o Teacher Corps, um programa de extensão relativamente avançado. Optei por ensinar durante anos em escolas públicas e fiz parte da primeira geração que levou uma forma mais radical de multiculturalismo para essas escolas nas décadas de 1960 e 1970. É essa trajetória que eu revisito.

bell: Mas estamos falando de processos paralelos. Um não anula o outro. Por exemplo, eu poderia argumentar que o movimento feminista sozinho não foi responsável por inserir as mulheres no mercado de trabalho; foram as condições da economia na década de 1960 que fizeram disso uma necessidade. Inserir mulheres brancas no mercado de trabalho ajudou a manter o estilo de vida da classe média branca, mas isso não diminui o fato de que o movimento feminista forneceu a ideologia que apoiou as mulheres que optaram por trabalhar fora de casa.

Amalia: Sim, porque, conforme você descreve essa trajetória multicultural, ela culmina na grande mídia, uma indústria que possui um poder altamente destrutivo para nossas comunidades. As pessoas constroem instituições comunitárias e se posicionam de início como antielitistas, mas acabam chegando à conclusão de que também precisam exigir suporte das grandes instituições. Sempre penso no que Amiri Baraka disse: devemos ter autodeterminação, que é a construção de nossas próprias instituições e os direitos garantidos por elas, *mas também* devemos ter democracia, que é a crença de que esses direitos devem ser reconhecidos no sistema mais amplo.

A gente constrói instituições comunitárias, cria arte, desenvolve programas educacionais e estruturas que alguns chamariam de multiculturais, vai até a porta dos museus, bate e diz: "Vocês precisam nos ouvir." Aí eles começam a nos dar acesso. Aceitam uma pintura aqui, depois uma exposição ali, mas nunca nos dão a lente interpretativa. Isso reflete a lógica corporativa que você descreve. Eles encontram material radical e depois o cooptam.

bell: Traduzem esse material num multiculturalismo voltado para o consumo, não para a política. Na esteira do movimento negro e da resistência chicana, vem a retaliação: "Vamos acabar com os estudos chicanos, acabar com os estudos negros, mas manter o consumismo". Criou-se um cenário no qual, apesar de todos sentarmos à mesa e termos nossas culturas representadas, elas o são de forma superficial: a hegemonia branca continua a ditar as regras e a sentar nas cabeceiras.

Amalia: Acho que um dos modelos de publicidade mais destrutivos foi criado por uma antiga campanha da Taco Bell, "Run for the Border" [Corra para a fronteira]. Na década de 1990, antes do Nafta, o Tratado Norte-Americano de Livre-Comércio, a Taco Bell lançou uma campanha com o slogan "Run for the Border". O primeiro comercial se passava numa república estudantil, com jovens gritando "Tacos! Tacos!" pelas janelas e depois correndo, pulando num conversível e "fugindo para a fronteira". No imaginário estadunidense, a fronteira é um lugar de transgressão, prostituição, drogas, álcool e prazer – incluindo agora a *junk food*. Depois que o Nafta foi aprovado e as relações com o México se tornaram mais valiosas economicamente, a campanha mudou para "Across the Border" [Do outro lado da fronteira], porque o México passou a ser visto como um vizinho legítimo, um parceiro comercial.

Mais tarde, baseando-se nos estereótipos do Frito Bandido* e do selvagem sexualizado e fogoso, introduziram

* Mascote 2D dos chips de milho da marca Fritos. É o desenho de um homem de bigode comprido e de baixa estatura, usando *sombrero* mexicano e portando duas armas de fogo. [N. da T.]

Dinky, o Chihuahua. Num dos primeiros comerciais, Dinky vê uma cadelinha no cio em uma vitrine de floricultura. Passa correndo por ela e para aos pés de um homem meio latino, que olha para ele. E, na voz mais "tipicamente mexicana" que você já ouviu, o chihuahua olha para cima e diz: "*Yo quiero tacos.*" Aí estamos nós, a comunidade chicana reduzida a animais, incorporada em comida de animais e consumida.

Com o tempo, a campanha absorveu todos os estereótipos negativos de pessoas latinas que se pode imaginar. E o mais assustador é que agora fazemos parte do público-alvo da Taco Bell. As comunidades latinas são incentivadas a consumir uma imitação, um simulacro da própria comida, e a comer a própria destruição. Esqueceram as receitas de suas avós, engoliram esses anúncios que nos depreciam e consomem essa comida enquanto consomem a própria imagem. A cultura latina é representada como algo descartável, como *fast food*...

bell: Como algo sem valor.

Amalia: Exatamente. A campanha da Taco Bell foi dando lugar a imagens mais sutis, mas igualmente perniciosas, à medida que as pessoas latinas se tornaram o maior grupo étnico [dos Estados Unidos]. Porém, os anúncios de bebidas alcoólicas continuam explorando imagens sexualizadas e racializadas de pessoas latinas, vendendo tequila e outros produtos.

bell: A participação de produtores culturais negros – muitos deles homens machistas e misóginos da indústria do entretenimento – legitimou a produção contínua de ícones e imagens racistas e sexistas. Basta pensar num dos vídeos antigos do Snoop Dogg em que ele transforma todos em cães. Houve um tempo em que as pessoas negras estadunidenses se revoltariam ao ver a masculinidade negra representada como algo bestial. Esse vídeo transmite a mensagem de que você não é nada, você é um cachorro e está abaixo do desprezo. Mas, porque quem está atuando é Snoop Dogg, as pessoas têm a ilusão de que essas imagens vêm "do povo".

Mais recentemente, temos os filmes com Queen Latifah, o vídeo de Nelly em que ele passa um cartão de crédito nas nádegas de uma mulher, qualquer coisa com os irmãos Wayans e filmes com homens negros – como Tyler Perry, Martin Lawrence, Eddie Murphy – fazendo *drag* como mulheres negras. São construções que reforçam estereótipos, e a participação de pessoas negras na criação de tais imagens torna mais difícil para as pessoas saberem como reagir. Se homens brancos é que estivessem produzindo abertamente imagens de homens negros como animais, ou de homens negros se vestindo como mulheres negras más, isso seria de cara reconhecido como racista, e as comunidades negras se uniriam para se proteger. Mas, quando todo tipo de estereótipo degradante é criado por produtores e produtoras negras, o público consumidor muitas vezes não tem consciência nem linguagem adequada para protestar.

Quando critico essas imagens colonizadoras de pessoas negras criadas por pessoas negras, costumo ser confrontada e me dizem que aquelas pessoas negras estão "sendo pagas". De fato, temos mais representatividade negra em Hollywood do que nunca. Isso é verdade. Mas o que surpreende é que as representações da negritude não estão evoluindo. Não são diferentes de anos atrás e, em alguns casos, são até piores. Agora vivemos num mundo onde as pessoas negras dizem, sim, foi mesmo degradante, mas olha aí quanto dinheiro elas receberam.

Depois temos filmes e programas de TV em que homens negros interpretam mulheres negras. Tais representações reproduzem a mesma iconografia racista e sexista que existe desde o período escravocrata até os dias de hoje! Foi por isso que Sojourner Truth teve que expor seus seios, para provar que era, de fato, uma mulher. Essa construção da feminilidade negra foi reforçada por campanhas como o relatório Moynihan, nos anos 1960, e pelas críticas patriarcais direcionadas a autoras como Alice Walker, Michelle Wallace e Ntozake Shange, nas décadas de 1970 e 1980.

Pense na enorme popularidade do livro de Shahrazad Ali, *The Black Man's Guide to Understanding the Black Woman* [O guia do homem negro para entender a mulher negra], escrito para homens negros sobre as mulheres negras. Felizmente, esse livro está fora de circulação, mas Ali defendia que as mulheres negras deveriam ser "colocadas em seu devido lugar" pelos "seus homens", que precisavam ser disciplinadas e punidas, e que, em alguns casos, precisavam ser agredidas. Na época, Ali aparecia em programas de TV em rede nacional e era entrevistada em diversos lugares. Eu vi tanto pessoas negras conservadoras quanto gente com um senso comum básico acreditarem nessa iconografia racista e sexista contra a qual costumávamos lutar. Hoje, vemos televangelistas famosos como T. D. Jakes reforçando noções puritanas e sexistas de "feminilidade correta" às mulheres negras, que absorvem essas imagens com avidez.

Na década de 1960, a vida negra nos Estados Unidos chegou a um ponto histórico em que houve uma crítica coletiva às representações estereotipadas da negritude. Logo depois, nos anos 1970, houve uma leve melhora na representação. No entanto, muitas imagens produzidas atualmente retomam as primeiras representações racistas e sexistas. Compare, por exemplo, o relacionamento harmonioso entre marido e mulher em *The Cosby Show* com as imagens do casal negro no filme *Crash: no limite*, vencedor do Oscar. Em *Crash*, o casal se agride verbalmente, expressando ódio e desprezo. Mais uma vez, a "mãe solteira" negra é atacada e tratada com desprezo: ela é retratada como uma viciada em drogas.

Traffic: ninguém sai ileso, outro filme celebrado por algumas pessoas negras e racializadas, recorre às mesmas imagens antigas de homens negros que foram apresentadas originalmente no filme *O nascimento de uma nação*. As representações de pessoas negras e mexicanas ali são todas negativas. Ironicamente, o pedófilo branco é mostrado de forma mais positiva do que o homem negro. De um lado, vemos uma família branca odiosa e sem afeto. Vemos o menino branco degradando a menina branca ao viciá-la em drogas. No entanto, a imagem do mal é vinculada ao homem negro de pele escura e nu que aparece à porta com uma arma, cujo pênis ereto e arma levantada ameaçam: ele é destemido. O filme o retrata como poderoso, como o homem no comando. Essa fantasia patriarcal e pornográfica sobre raça surge da imaginação do homem branco, porque esse homem negro, tal como retratado, simplesmente não existe. O cinema alimenta a fantasia de que os homens negros até podem não ter dinheiro, podem estar em situação de rua, mas, de alguma forma, têm esse poder de controlar a branquitude.

É assim que a supremacia branca continua a se perpetuar. Ela seduz todo o mundo com a produção de imagens falsas. No entanto, essas imagens têm poder. Elas ajudam a criar uma cultura na qual os homens negros são temidos e odiados. Por exemplo, muitas pessoas negras na era do multiculturalismo apoiam a pena de morte. O fato de que os homens negros têm muito mais chances de serem condenados à morte do que qualquer outro grupo não afeta a opinião das pessoas negras conservadoras. Assim como suas contrapartes conservadoras mais contemporâneas, elas acreditam que os homens negros não merecem viver. Nos anos 1960, durante os protestos militantes, os termos "diversidade" e "multiculturalismo" eram radicais.

O multiculturalismo como o entendemos hoje foi uma resposta aos movimentos de autodeterminação, que posteriormente acabaram sendo subvertidos e cooptados pelo Estado conservador. Antes de Martin Luther King e Malcolm X serem assassinados, eles não só discutiam o racismo doméstico, como ampliavam sua crítica para abordar o imperialismo global, as tecnologias globais e outras hierarquias de poder. Ambos criticavam o imperialismo e o militarismo. No final da vida, King falava com urgência sobre a necessidade de o povo negro se posicionar contra o militarismo, o imperialismo e o consumismo. Se Malcolm X estivesse vivo, Farrakhan provavelmente não teria alcançado o poder, pois este último personifica a ideologia militarista, misógina e capitalista que Malcolm rejeitara ao deixar a Nação do Islã. Mas grande parte dessa história foi apagada. Na era do multiculturalismo – e não da autodeterminação –, Farrakhan pode estampar capas das revistas *Newsweek* e *Time*, sendo apresentado como um "líder negro". Grande parte dos Estados Unidos sequer sabia quem ele era até a grande mídia (branca) lhe oferecer a visibilidade e o apoio necessários para que ele ampliasse seu público. Juntos, Farrakhan e essa mídia tornaram-se defensores do mesmo patriarcado de sempre.

Hoje vemos que, quando pessoas racializadas ascendem ao poder dentro das estruturas existentes, em geral não priorizam a autodeterminação. O multiculturalismo, muito mais que a autodeterminação, fomenta o individualismo liberal.

Lideranças conservadoras como Colin Powell e Condoleezza Rice defendem uma mensagem de assimilação. E o mundo branco liberal é tão rápido quanto o conservador em nos dizer que o racismo não existe mais. No livro *Covering: The Hidden Assault on Our Civil Rights* [Encobrimentos: o ataque velado a nossos direitos civis], Kenji Yoshino, asiático-estadunidense, gay e professor de direito, aborda a pressão pela assimilação. Poucas pessoas estão dispostas a discutir como a supremacia branca é perpetuada pelo Estado e suas políticas públicas. O multiculturalismo, em vez de enfrentar esses sistemas de opressão, propõe que cada um celebre sua "pequena cultura" e lute por visibilidade.

Amalia: Antes de as crianças de fato interagirem umas com as outras, elas participam do que é chamado de "brincadeira paralela". Observando-as em um tanque de areia, podemos pensar que estão brincando juntas, mas, ao nos aproximar, percebemos que cada uma está em seu próprio mundo imaginário, lado a lado. Essa é a visão conservadora do multiculturalismo: uma brincadeira paralela.

Isso se reflete no mundo da arte de várias formas. As curadorias com frequência escolhem obras de pessoas artistas racializadas que confrontam, escandalizam e, em geral, ofendem o público branco majoritário; isso praticamente garante que tais obras não sejam mais expostas. Não acredito que o façam de forma intencional. Penso que, mais uma vez, as pessoas brancas só conseguem interpretar nossas experiências a partir da própria percepção sobre nós. Escolhem obras que acreditam tratar de nossa visão acerca da branquitude. Mais uma vez, ela se torna o tema central – até mesmo em nosso próprio trabalho.

bell: Por isso, é fundamental distinguir entre autodeterminação e aumento de representação. No final dos anos 1990,

Clinton estava disposto a oferecer uma plataforma nacional para discutir como o racismo não favorece o "bem comum". No entanto, não houve iniciativas concretas para combater efetivamente o pensamento e o comportamento supremacistas brancos. Além disso, o apoio de Clinton a políticas racistas enfraqueceu sua retórica antirracista. Já o governo Bush reforçou explicitamente a supremacia branca, começando pela recusa em contabilizar os votos de pessoas negras na Flórida, em 2000.

Amalia: Concordo. Um exemplo diferente dessa mesma dicotomia, no contexto da política governamental, vem das batalhas de censura da National Education Association (NEA), a Associação Nacional de Educação dos Estados Unidos, nos anos 1990. Após o desfecho desse embate, com a agência sofrendo redução e cortes de verbas, a categoria "artes expansivas" – fonte crucial de apoio para organizações artísticas de pequeno e médio porte e mais diversas – foi extinta. Esses subsídios financiavam organizações comunitárias geridas por pessoas racializadas. Com o fim dessa categoria, pequenas instituições como a Galería de la Raza, em San Francisco, tiveram que competir com gigantes como o Museu de Arte Moderna por financiamento. Muitas organizações latinas perderam a maior parte de seu apoio financeiro.

bell: Ironicamente, a dessegregação racial abriu caminho para o multiculturalismo liberal, assim como para os tipos de apoio governamental que você mencionou, direcionados a organizações e instituições lideradas por pessoas racializadas. No entanto, quando falamos de multiculturalismo liberal, são as pessoas racializadas que se adequam e se movem, enquanto a branquitude permanece inalterada, no centro. Um multiculturalismo radical, por outro lado, exige que toda a sociedade mude de posição. Se aplicássemos isso na educação básica, as escolas públicas precisariam se reestruturar completamente.

Por exemplo, há estudos que mostram que as pessoas professoras brancas tendem a tratar com mais gentileza as crianças que consideram bonitas – e essas crianças em geral são brancas, loiras e de cabelo liso. Sabemos que as pessoas negras e latinas sofrem com o racismo internalizado. Portanto, para ensinar a partir de uma abordagem de multiculturalismo radical, essas pessoas profissionais brancas teriam que desaprender esse racismo e se comprometer em envolver e acolher todas as crianças de suas salas de aula. Além do corpo docente branco, precisaríamos trabalhar junto às pessoas racializadas conservadoras que estão comprometidas em manter o *status quo*. Todas essas práticas foram amplamente documentadas por Jonathan Kozol em seu livro *The Shame of the Nation: The Restoration of Apartheid Schooling in America* [A vergonha da nação: a restauração do sistema de segregação nas escolas dos Estados Unidos].

Amalia: Concordo. Outra forma de avançarmos em direção a um multiculturalismo radical é por meio do diálogo e do engajamento. Grande parte da juventude aprende sobre diferenças culturais durante sua formação nas escolas públicas. No entanto, ainda lutamos para construir iniciativas educacionais que promovam a intimidade interétnica, em que possamos escolher compartilhar nossas histórias, semelhanças e diferenças sem que tudo passe pela centralidade purificadora, manipuladora e dominante da branquitude. Essa é uma luta contínua, e se torna cada vez mais evidente que nossa capacidade de formar alianças é crucial para nossa sobrevivência como pessoas racializadas.

bell: Além disso, entramos numa era política especialmente perigosa, em que se gastam bilhões em guerras, reduzem-se drasticamente os orçamentos para programas sociais e somos colocadas umas contra as outras na disputa por recursos escassos. Precisamos criar espaços de intercâmbio cultural onde possamos nos unir em solidariedade e aprender de forma mútua.

Amalia: Dada a narrativa do "dividir para conquistar", seria fácil pensar que, com o crescimento da população latina, a população negra perderia o posto de minoria tradicional nos Estados Unidos, os brancos começariam a falar sobre questões latinas e a população latina obteria, consequentemente, mais representatividade nas instituições de poder. Isso é um mito total. No fim das contas, nossos números não influenciam as relações de poder, mas sim, sem dúvida, estamos sendo colocados uns contra os outros.

bell: Com certeza. E o triste é que boa parte da população negra acaba acreditando nisso, esquecendo que essa noção de ser uma "minoria favorecida" é, em si, uma construção da supremacia branca.

Boa parte das pessoas negras entende que, embora nos Estados Unidos a questão racial seja frequentemente discutida em termos binários de preto e branco, não houve um esforço genuíno e contínuo para mudar a posição da população negra neste país. Se fôssemos realmente a minoria "favorecida", não estaríamos ficando cada vez mais pobres a cada ano! No entanto, como a retórica racial aqui sempre operou com um binário preto-branco, é fácil para quem não é alguém negro pensar que somos pessoas "favorecidas". Já ouvi isso de pessoas latinas e asiáticas.

Amalia: Para algumas pessoas fora do binário preto-branco, é quase como se duas pessoas estivessem numa sala lutando uma com a outra, brigando por anos a fio, sem perceber que havia outras pessoas na sala sendo também agredidas ou feridas. A linguagem sobre raça e racismo tem se concentrado na questão preto-branco, criando a percepção comum de que a palavra “raça” é um código para “negro” e que “racismo” é algo que acontece apenas entre pessoas negras e brancas.

A comunidade latina sempre teve uma relação complicada com essa retórica. Por exemplo, o censo não atribui a essas pessoas uma categoria racial separada. Referem-se a nós como “hispânicos e outros brancos”, caindo em categorias estranhas que são “meio étnicas” ou “meio brancas”, e nós jogamos esse jogo. Muitas pessoas latinas preferem se considerar brancas. Há pessoas chicanas que preferem se considerar nativas. Há pessoas latinas que se consideram mestiças. E agora há uma pequena esperança de mudança revolucionária, com a crescente visibilidade da população afro-latina e a incorporação da cultura caribenha nos estudos latinos.

Quando procuro imaginar um espaço filosófico esperançoso para a troca cultural que discutimos, com toda a certeza ele envolve desafiar a mitologia da raça. E, neste momento de crise, se conseguirmos escavar as histórias e as lutas comuns que pessoas indígenas, mexicanas e de ascendência africana têm enfrentado no novo mundo, poderemos talvez começar esse diálogo. Poderemos parar de ver uns aos outros em categorias fictícias que não nos servem.

bell: Para alcançarmos um multiculturalismo progressista e radical, precisamos passar pela reeducação da conscientização crítica. Temos que criar uma linguagem que permita superar fronteiras. Pessoas de pele escura que são indígenas nesta sociedade sabem que as categorias dualistas "negro" e "branco" não dão conta da complexidade – o mesmo acontece com muitas pessoas negras porto-riquenhas, dominicanas e mestiças. Com essa intervenção, esses grupos poderiam expressar de forma mais livre as realidades que vivem, usando uma terminologia politizada mais adequada.

Seria muito útil se mais pessoas envolvidas em lutas radicais politizassem e ampliassem a categoria "negro" e a usassem como no Reino Unido. Às vezes, quando dou uma palestra pública, uma pessoa asiática ou latina manifesta preocupação com meu uso das categorias "negro" e "branco", e eu pergunto por que elas não se identificam como "negras". No entanto, também entendo que, embora acreditem que muito do que digo se aplica às suas experiências, elas gostariam que eu abordasse especificamente as suas vivências asiáticas, latinas ou indígenas, o que faz parte da responsabilidade política.

Na economia da supremacia branca, as pessoas negras não têm sido mais politicamente responsáveis do que os outros grupos. Não investimos tempo suficiente para aprender mais sobre eles nem sobre nós, tampouco para examinar nossas próprias posições. Num nível mais básico, isso significaria aprender a estabelecer pontes de aprendizado intercultural uns com os outros. Nós, pessoas racializadas, acabamos tão focadas na branquitude que não reconhecemos e respeitamos umas às outras.

Nós duas nos conhecemos no evento Show the Right Things [Mostre as coisas certas], uma conferência organizada em colaboração entre universidades e museus em Nova York. Esse evento foi um exemplo positivo de multiculturalismo institucionalizado. Desde então, não participei de outra conferência que tenha reunido tantas pessoas racializadas e alianças brancas de várias partes do mundo para dialogar. Hoje são raros os espaços que nos permitem esse tipo de encontro, mas no fim, quando de fato temos essas conversas, quando temos espaço para isso, precisamos ter a autodeterminação de criá-los. Não podemos depender das instituições convencionais para conseguir nos reunir.

Amalia: Há algumas exceções. Do final dos anos 1980 ao final da década de 1990, Marta Moreno Vega, do Caribbean Cultural Center, em Nova York, organizou uma série de encontros chamados Cultural Diversity through Cultural Grounding [Diversidade Cultural através do Enraizamento Cultural]. Foi uma das principais iniciativas de reunir pessoas racializadas vindas de um contexto global; uma série de eventos poderosos para que pessoas indígenas, asiáticas, latinas, sul-asiáticas e de ascendência africana de todo o mundo pudessem se conectar, trocar experiências e aprender mutuamente. E essa foi a única iniciativa com a qual estive envolvida que foi quase impossível de financiar e de organizar.

Participei de outros eventos em museus com foco na diversidade, para os quais era muito fácil conseguir financiamento. Não enfrentamos dificuldades para conseguir apoio de fundações como a Rockefeller ou a Ford, bem como de universidades da Ivy League. Mas, quando se tratava de criar um espaço onde as pessoas racializadas pudessem definir as próprias linguagens e vocabulários para efetuar mudanças sociais, poucas fundações se mostraram interessadas em nos financiar.

Ando pensando no falecido John Ogbu, um sociólogo que fez um trabalho pioneiro sobre o que chamava de minorias "voluntárias" e "involuntárias". As minorias involuntárias são grupos que foram colonizados internamente ou trazidos para cá por causa da escravidão – povos nativos, grupos indígenas miscigenados com espanhóis, pessoas mexicanas, pessoas negras dos Estados Unidos, chicanas e porto-riquenhas. As minorias voluntárias – como a comunidade asiática-estadunidense e demais pessoas latino-americanas que não são chicanas – migraram sob outras circunstâncias e com objetivos diferentes. Ogbu documenta como, mais de um século depois, as minorias involuntárias continuam presas aos níveis mais baixos da economia dos Estados Unidos, enquanto as minorias voluntárias, em especial a asiática-estadunidense, bem como alguns grupos latino-americanos, obtiveram maior mobilidade socioeconômica. Depois que essas pessoas chegam aos Estados Unidos e se libertam de formas de servidão contratual ou de opressão, a tentação de se identificar com as estruturas de poder se torna quase irresistível.

bell: Elas também criam suas próprias estruturas de poder autodeterminadas. Nos Estados Unidos, há uma economia de negócios asiáticos que supera amplamente a riqueza acumulada pela população chicana ou negra. Embora alguns indivíduos negros tenham alcançado a classe dominante – sendo Oprah Winfrey o exemplo mais notável –, as pessoas negras estadunidenses ainda detêm pouco controle sobre a mídia de massa. Durante o *apartheid* racial, elas foram obrigadas a construir as próprias infraestruturas capitalistas, já que as pessoas brancas sequer se dispunham a vender para nós. Criamos nossas próprias lojas, contávamos com profissionais de medicina, odontologia e direito na comunidade e tínhamos nossas próprias escolas e empreendimentos, como os que se destacaram no setor de produtos para cuidados com o cabelo.

Hoje, temos uma indústria sofisticada de pesquisas de mercado que monitora o consumo de pessoas racializadas para maximizar os lucros corporativos. Agora que as grandes editoras perceberam que nós lemos, vemos o mesmo padrão se repetir no mercado de livros voltados para o "público negro estadunidense". Contudo, a literatura de autodeterminação negra não é o foco das grandes editoras controladas por pessoas brancas. Em vez disso, promovem ficções de má qualidade que glorificam o capitalismo. Terry McMillan abriu caminho para essa tendência. Lynn Harris, um homem negro gay conservador, escreve romances centrados em bens materiais, carros, estilo e a estética da vida cotidiana. Suas narrativas giram obsessivamente em torno das casas luxuosas onde suas personagens vivem e das roupas de grife que usam. A maioria esmagadora de seu público leitor é composta de mulheres negras heterossexuais, embora esses romances tratem de homens negros gays e bissexuais.

O fio condutor aqui é o capitalismo de consumo. Embora os CEOs brancos e brancas e suas equipes possam até dizer que desejam alcançar esses mercados, preferem manter o mesmo discurso de sempre em vez de oferecer mensagens que descolonizam suas mentes, reforçando a cultura vigente do capitalismo imperialista e supremacista branco. Os principais produtos importados pela economia escravagista eram sal, açúcar, café e chá – todos ligados à criação de vícios. Os donos de pessoas escravizadas davam açúcar às classes trabalhadoras globais para explorá-las ainda mais. Até hoje, consome-se mais chocolate no Reino Unido do que em qualquer outro lugar no mundo! Vamos dar narcóticos às populações pobres para suprimir o seu poder de ação.

Amalia: Nossas comunidades costumam se centrar na família, além de serem grandes e interconectadas. Porém, assim como outros grupos, nós, da comunidade latina, enfrentamos a invasão das corporações estadunidenses em nossa vida. Por exemplo, a indústria alimentícia do sudoeste dos Estados Unidos conhece mais sobre nós do que qualquer empresa de pesquisa, instituição educacional ou mídia de massa. Essas empresas foram as primeiras a fazer uma análise de mercado detalhada sobre a população latina no país. Sabem o que consumimos e que somos fiéis a certas marcas: se nossas mães usavam Colgate, continuaremos usando Colgate. Sabem que consumimos mais fraldas do que qualquer outro grupo. Sabem que temos a menor idade média do país. À medida que fomos nos tornando um grupo mais visível, a cultura de consumo mais ampla começou a se direcionar a nós estrategicamente, tanto na mídia em espanhol quanto na mídia em inglês.

E o termo "hispânico" tornou-se tão comum que vem apagando a heterogeneidade da cultura latina mais ampla. Uma das maiores disputas internas dentro da comunidade latina envolve a proeminência e o poder do conservadorismo cubano, que desempenha um papel bastante relevante no financiamento de candidaturas republicanas conservadoras e vem trabalhando para manter o embargo contra Cuba, ao mesmo tempo que desfrutam de um *status* imigratório mais favorecido do que o das pessoas provenientes do México.

Portanto, dentro da população latina mais ampla, em geral existem grandes lutas sobre nossa identidade, sobre as relações de poder e sobre como nossas identidades são comercializadas. Em alguns aspectos, nossas discussões sobre multiculturalismo não se centram em exposições em museus, ou como a latinidade é "descoberta" a cada década por um novo museu, ou como esquecemos a importância de artistas como Roberto Matta e Wifredo Lam, que influenciaram figuras como Jackson Pollock e os modernistas. Muitas vezes, acabamos voltando a atenção para celebridades latinas ou a cultura popular, em vez de discutir questões como alfabetização, representação, educação ou inclusão econômica.

bell: Às vezes, o medo de serem rotuladas de "politicamente corretas" leva as pessoas negras e racializadas a rejeitarem as críticas radicais à dominação. Muitas acreditam que os movimentos por autodeterminação nos Estados Unidos, como o Black Power e os direitos LGBTQIA+, eram sobre políticas identitárias, quando não era o caso. Ao nos comprometermos com a autodeterminação, reconhecemos que nossa vida se fortalece quando agimos em solidariedade com outras pessoas racializadas, bem como quando somos capazes de reconhecer as pessoas brancas que são nossas aliadas antirracistas nessa luta.

A maioria das pessoas nos Estados Unidos não entende ao certo o que significa autodeterminação, porque as políticas identitárias não exigem uma consciência política radical. Por exemplo, o afrocentrismo pode ser considerado uma política de identidade conservadora: está enraizado em religiões fundamentalistas – muitas vezes o cristianismo ou alguma forma de fundamentalismo, como o catolicismo negro do Caribe. Esse tipo de política de identidade não é progressista. E, afinal, vivemos numa sociedade onde a cultura dominante racista incentiva nosso investimento em formas mais conservadoras de políticas identitárias. O exemplo de Malcolm X é, mais uma vez, bastante ilustrativo. Assim que ele começou a abandonar as políticas de identidade e a fazer conexões entre pessoas negras dos Estados Unidos, do Oriente Médio e do continente africano, foi assassinado por pessoas negras que acreditavam que ele deveria ter mantido um foco mais conservador. Farrakhan, um capitalista imperialista nato, que investiu numa noção estreita e conservadora de política identitária, não precisa ser assassinado, pois pode ser manipulado pelo patriarcado imperialista capitalista e supremacista branco.

Apesar da promoção exagerada, é importante lembrar que capitalismo negro não é o mesmo que autodeterminação negra. Da mesma forma que o capitalismo patriarcal supremacista branco estava disposto a aceitar as mulheres brancas que quisessem aderir, está disposto a aceitar os homens negros que queiram aderir. E, embora não tenhamos a mesma infraestrutura de negócios locais criada pela comunidade asiática-estadunidense, há uma classe visível de pessoas negras ricas, incluindo figuras como Oprah Winfrey, Spike Lee e Michael Jordan, que são basicamente sociais liberais e conservadores fiscais. São conservadores no âmbito político. Apesar dos ataques governamentais a todas as pessoas negras – pobres, trabalhadoras e da classe média –, existe uma classe alta negra, especialmente em grandes cidades como Charlotte, Atlanta, Chicago, Washington, D.C., Filadélfia, Nova York e Los Angeles.

O exame da realidade do conflito de classes entre a população negra revela que nossos interesses de classe nem sempre são os mesmos, e as lideranças negras individuais encontram mais dificuldades para falar sobre autodeterminação. Os interesses da classe pobre negra que depende da assistência social estão muito mais alinhados com os interesses das pessoas chicanas agricultoras do que com os interesses da classe média negra. Como, então, falar sobre negritude? As elites negras preferem, muitas vezes, uma política identitária com base na cor da pele, porque isso lhes permite ignorar seus privilégios de classe. Como resultado, as pessoas negras ricas conservadoras (celebridades, por exemplo) se sentem à vontade para desprezar as pessoas negras pobres – Bill Cosby é um ótimo exemplo. Ele construiu sua riqueza empregando e apropriando-se de elementos da cultura vernacular negra, que agora critica com desdém.

Cornel West abre seu livro *Questão de raça* com a história de como ele não consegue pegar um táxi, mesmo sendo um professor de Princeton. Claro, a falácia disso é que aquelas de nós com dinheiro não precisam se preocupar com essa questão – podemos chamar carros por aplicativo ou contratar motoristas particulares. Mesmo assim, ele escolhe usar essa imagem. Para quem endereça essa metáfora? Não é para o público leitor da classe trabalhadora, porque diriam: "Espera aí, você pode alugar um carro." Mas, se você está se dirigindo a pessoas brancas, a imagem de um intelectual negro de classe alta que não consegue fazer um táxi parar para ele na rua pode gerar simpatia.

As políticas identitárias fechadas ainda servem de base para a organização política porque muita gente não consegue enfrentar as crescentes divisões de classe dentro das nossas comunidades, que estão nos separando bem mais agora do que em qualquer outro período da história estadunidense. Como discutir autodeterminação negra com pessoas negras da classe dominante? Como tratar do compartilhamento de recursos?

Amalia: Tais questões relacionadas a diferenças de classe também são um desafio para as elites chicanas – incluindo as lideranças dos movimentos que sobreviveram às décadas de 1960 e 1970. Parte disso ocorre devido a uma história não resolvida e à culpa pelos fracassos do movimento.

Por exemplo, nas décadas de 1960 e 1970, jovens ativistas de origem mexicana foram alvos do governo e devastados física e psicologicamente pela violência estatal. Embora não seja tão conhecida quanto os tiroteios de Kent State, a violência policial após a Marcha Nacional Chicana Moratorium foi um ponto de virada. Em agosto de 1970, mais de 35 mil pessoas latinas participaram de uma manifestação pacífica contra a Guerra do Vietnã em Los Angeles. A polícia invadiu o parque, espancou, golpeou e matou gente, incluindo Ruben Salazar, o principal repórter chicano de Los Angeles e possivelmente do país. Salazar foi baleado no rosto – sumariamente assassinado – e, apesar de a investigação ter concluído que se tratou de um homicídio, o policial envolvido nunca foi processado. Foi um momento de crise coletiva, do qual o movimento pode ainda estar se recuperando, e então a ala cultural assumiu as rédeas.

Eu me via como parte dessa ala. Tentamos concretizar a nossa autodeterminação fundando as nossas próprias instituições, como a Galería de la Raza e El Teatro Campesino, e tivemos nossos sucessos. Mas não previmos o enorme influxo de pessoas vindas do México que chegaram aos Estados Unidos nos últimos 35 anos. Neste momento, suas necessidades se assemelham mais às dos nossos pais do que às nossas, no que diz respeito às condições de trabalho e moradia. Não previmos as mudanças nas relações de poder ao redor da fronteira. E nunca imaginamos um Nafta, que permitiu às empresas estadunidenses construir fábricas e explorar a classe trabalhadora no México.

A comunidade chicana precisa determinar como podemos colaborar com a liderança latina dentro dos Estados Unidos, principalmente em sindicatos, assim como com progressistas no México e na América Latina. E precisamos abordar o mesmo tipo de divisões de classe que você descreveu existir na comunidade negra. Já começamos a fazer isso, e esses diálogos têm girado principalmente em torno da imigração e do trabalho, tendo em vista que a salvação da comunidade chicana nos Estados Unidos é nossa história como ativistas do trabalho. Como povo, boa parte de nós somos da classe trabalhadora e sempre lutamos por moradia justa, condições de trabalho dignas e salários adequados. De certa forma, isso desfaz ilusões e confusões em torno do multiculturalismo – as pessoas da classe trabalhadora certamente têm suas próprias culturas e interesses, mas a prioridade é garantir salários dignos.

bell: Isso com certeza contrasta com a experiência negra, na qual desde o início dos anos 1960 houve uma diminuição constante do papel da organização sindical como fonte de poder político e ativismo. Além disso, observamos uma completa desvalorização da arte politizada criada por pessoas negras da classe trabalhadora nas décadas de 1960 e 1970. A juventude negra hoje desconhece tanto esse período quanto esse trabalho, pois a maioria da arte validada na atualidade não aborda a questão da classe.

Mesmo quando artistas negros gays contemporâneos, como Lyle Ashton Harris ou Glenn Ligon, utilizam o corpo masculino negro, seu trabalho é com frequência enquadrado pelo mundo da arte dominante na mesma tradição do fotógrafo Robert Mapplethorpe. O corpo de homens negros é representado como isolado e desprovido de comunidade; é um corpo alienado que permanece solitário.

Enquanto isso, a parte de nossa comunidade em situação de pobreza vem se tornando cada vez mais empobrecida, ao passo que muitas pessoas negras endinheiradas estão acumulando mais riqueza. No geral, as pessoas artistas negras estadunidenses que se destacam na cultura de massa são vistas cada vez mais como indivíduos desconectados de uma comunidade maior. Quando a arte e a crítica negras tentaram levantar questões sobre a obra de Kara Walker, suas vozes foram silenciadas. Os padrinhos brancos hegemônicos e racistas do mundo da arte disseram à crítica: "Vocês não têm o direito de levantar essas questões porque nós escolhemos essa pessoa. Achamos o que ela está fazendo maravilhoso. Como ousam fazer críticas a respeito disso!" Walker, por sua vez, critica uma política identitária que parece restringir sua imaginação. Contudo, o foco numa única artista desvia a atenção da necessidade de uma discussão mais ampla sobre os mecanismos que concedem a poucos artistas negros mais espaço, liberdade e reconhecimento.

Por um lado, apoio o direito de qualquer pessoa artista negra criar nas formas que desejar. No entanto, devemos ser capazes de questionar quais artistas recebem apoio de museus, galerias e outras instituições do mundo da arte. Sem restringir a liberdade artística, quero ter a liberdade de levantar questões críticas sobre quem é elevado e quem é marginalizado.

Amalia: Nesse caso, Kara Walker não parecia preparada para enfrentar as profundas implicações do seu trabalho, as diferentes maneiras como ele poderia ser interpretado ou por que foi acolhido pelo mundo influente da arte branca, que se alimenta de sexo, escândalo e choque. A falta de preparo para discutir esses pontos com seus pares e a comunidade negra representou uma falha significativa em sua prática artística. Quando tão poucas de nós têm a oportunidade de representar as culturas e as comunidades de onde viemos, sabemos que, ao criar arte, devemos estar prontas para lidar com as críticas que surgem.

bell: Exato. Quando o trabalho de Carrie Mae Weems foi exibido num museu de Nova York, uma das fotografias trazia a legenda: "Espelho, espelho meu. Existe alguém mais bela do que eu? Você não é bela, negra vagabunda." Quando as pessoas negras que compunham a equipe de segurança do museu expressaram incômodo e sensação de degradação diante daquela imagem, ela não respondeu com desdém: "Não quero discutir isso. Estou acima dessa conversa." Ela ouviu suas preocupações e integrou essas questões críticas em seu processo criativo.

Amalia: Exato.

bell: Carrie Mae Weems não evitou a responsabilidade, pois é apenas no sentido mais grosseiro do liberalismo individual que qualquer artista, de qualquer raça, poderia ignorar essa questão. Afinal, criamos para um público, e, se você não está disposta a de alguma forma considerar seu público, por que ser artista? Se já tem todas essas imagens na cabeça, por que as expor, se não está disposta a ter algum tipo de engajamento com o mundo?

Amalia: A arte é, por natureza, uma prática social. É um ato social, inserido na relação de uma pessoa com um mundo mais amplo. Quando você mencionou o distanciamento da arte negra de uma prática política, comparei isso à situação da arte chicana e, por extensão, à arte latina. Quando fazemos arte baseada em nossa cultura, nosso trabalho muitas vezes não chega a museus ou galerias porque é visto como etnicamente chauvinista, provinciano ou limitado. As narrativas culturais de Carmen Lomas Garza têm grande significado para as pessoas mesmo em ambientes urbanos, mas são com frequência rotuladas de arte *outsider* ou folclórica. De certa forma, boa parte do nosso trabalho é percebido dessa maneira, mesmo que tenhamos sido fundamentais na formação dos Estados Unidos, especialmente no sudoeste e no oeste. Nossa comunidade continua a ser vista quase como antitética ao grande mundo da arte.

Por exemplo, quando turmas de estudantes visitam os arquivos de *slides* em Berkeley e não encontram artistas da comunidade chicana, perguntam: "Por que essa pessoa artista não está catalogada?" A resposta que recebem é: "Ah, veja bem, não é uma artista *contemporânea*." Os sistemas que atribuem valor e importância à arte determinaram que as pessoas artistas da comunidade chicana que se identificam como tal não são consideradas contemporâneas – são vistas como artistas populares ou *outsiders*. Isso é racismo, puro e simples. Se você é uma artista chicana ou uma artista racializada e aborda temas como memória, luto, amor, perda, esperança, lar ou terra, sua obra é interpretada como se operasse na ilógica – simplesmente não é aceitável no mundo da arte. Pelo contrário, esses temas são quase sempre vistos como nostálgicos, egoístas e carentes da ironia tão prevalente na arte contemporânea. É uma luta até mesmo para artistas como eu, com uma carreira de mais de 30 anos: ainda preciso explicar que o que faço é relevante enquanto forma contemporânea.

bell: Além disso, acredito que as pessoas racializadas ainda não produziram análises críticas suficientes para explorar nossas práticas artísticas de maneiras que ressaltem a sua complexidade. Por isso, embora seja absolutamente vital que trabalhemos dentro das instituições existentes, precisamos criar mais espaços alternativos. Precisamos de instituições construídas em plataformas progressistas, como a Intersection, em San Francisco.

Amalia: Começamos a fazer isso com galerias e museus.

bell: No entanto, ainda são bem poucas as instituições artísticas progressistas voltadas para pessoas negras e latinas nos Estados Unidos. Temos a sorte de contar com uma instituição como o Studio Museum of Harlem, mas precisamos de muitos mais lugares assim. Se criássemos instituições, escolas, museus e centros de pensamento com foco em pessoas racializadas nos Estados Unidos que fossem excepcionais, inovadores e autossuficientes, todo mundo ia querer visitá-los e utilizá-los. Seriam lugares onde a diversão, o estilo e as paixões libertárias poderiam florescer.

Progressistas de todas as cores precisam se opor aos usos conservadores do multiculturalismo. Precisamos reconhecer que o multiculturalismo radical nunca encontrou raízes em nossa economia cultural e que ainda estamos no processo de formular teorias sobre esse multiculturalismo radical. Espero que, à medida que a teoria se desenvolva, a prática também surja: uma união de pensamento crítico e ação crítica.

6

LAR

Amalia: Nós, o povo chicano, somos um povo das Américas que sofreu duas ondas de ocupação, primeiro pela Espanha e depois pelos Estados Unidos. Quando falamos de nossa terra natal, estamos falando de nosso direito de habitar este território, neste momento, e de compreender nossas origens.

A anexação que se seguiu à Guerra Mexicano-Americana de 1848 nos garantiu, pelo Tratado de Guadalupe Hidalgo, direitos à cidadania cultural, ao uso da nossa língua e à livre circulação na fronteira Califórnia-México. Porém, uma década após a assinatura do tratado, o governo dos Estados Unidos deixou de assegurar essas proteções, e as pessoas acabaram encapsuladas e colonizadas internamente. O povo califórnio, por exemplo, perdeu suas terras em tribunais que logo passaram a operar em inglês – uma língua que eles não dominavam. Outros tratados foram ignorados, e essas pessoas se viram rapidamente na base da pirâmide socioeconômica. Desde então, nossas vidas, e nossa resistência, se veem intrinsecamente ligadas a essa terra. Como resultado, há um consenso entre nós por todo o sudoeste de que o ano de 1848 marca o ponto de origem da nossa identidade chicana.

Para grande parte de nós, a imposição da fronteira causou uma ruptura que nunca foi verdadeiramente cicatrizada. É como ter um membro fantasma: mesmo ausente, ainda sentimos sua presença e sua memória. No entanto, nossa relação com a fronteira mexicana não se resume a divisão, separação e perda; também é uma relação de transição constante. Cruzamos a fronteira repetidamente, criando um senso de pertencimento entre o México e os Estados Unidos. Artistas como Guillermo Gómez-Peña e David Avalos têm produzido trabalhos importantes sobre esse tema, ajudando a população chicana a expressar esses sentimentos simultâneos de pertencimento e ruptura.

Uma ação crucial para nós, povo chicano, é reivindicar e deslocar o conceito de "fronteira" da teoria crítica branca, que a interpreta como um espaço de diferença e alteridade, e reinscrevê-la como um espaço de ação social, conectado aos nossos direitos territoriais e à nossa integridade espiritual.

bell: Para nós duas, o lar é um lugar onde as pessoas historicamente oprimidas e marginalizadas restauram seu espírito e continuam o processo de autorrecuperação. Não é coincidência que os movimentos antirracistas nos Estados Unidos tenham começado em casa, e não em espaços públicos. No contexto sulista estadunidense, o lar oferecia um lugar seguro, por isso as pessoas negras se reuniam em suas casas para discutir estratégias de resistência à escravidão, à violência e às leis segregacionistas Jim Crow. O movimento feminista contemporâneo também surgiu dentro das casas, com pequenos grupos de mulheres radicais realizando sessões de conscientização.

Quando analisamos as narrativas de pessoas escravizadas e outros artefatos do período da escravidão, o conceito de lar é quase sempre imaginário. Dadas as suas condições, as pessoas escravizadas eram forçadas a recriar entre si a ideia de lar, já que todo lugar onde residiam era temporário. Não é surpresa que, nessas narrativas, a liberdade esteja sempre atrelada à capacidade de criar lares independentes, em vez de simplesmente servir e cuidar das casas de pessoas brancas. No entanto, após a abolição, a maioria das pessoas negras libertas ainda não possuía lar próprio. Muitos proprietários de terras, com frequência os mesmos antigos escravocratas, permitiam que as pessoas libertas ocupassem pequenos terrenos *apenas* para explorá-las como mão de obra barata num sistema de arrendamento que era quase uma continuação da escravidão.

Com isso, nasce a era do trabalho escravizado/migrante liberto, e essas pessoas viviam como nômades, constantemente criando e recriando seus lares. Na minha infância no sul dos Estados Unidos, ouvíamos histórias sobre como a população negra deixava a escravidão com o desejo ardente de possuir terras, acreditando que, se as tivessem, poderia sobreviver. De maneira impressionante, conseguimos sobreviver sem elas. E, assim como a população chicana e os povos indígenas que você mencionou na Califórnia, essas pessoas negras eram artesãs da terra – sabiam como fazê-la prosperar. Minha avó, por exemplo, produzia sabão e manteiga, criava os animais que eram abatidos para alimentar a família, costurava colchas com retalhos, cultivava alimentos, criava galinhas para obter ovos e preparava vinho com as uvas da nossa parreira. Ela tinha um forte senso de autossuficiência econômica, habilidade vital para a população negra sobreviver no sul agrário, onde a supremacia branca limitava severamente suas opções.

Outra maneira pela qual pessoas negras resistiram à assimilação na cultura dominante foi reafirmando suas relações com a terra. No budismo, há uma frase que diz:

"A terra é minha testemunha." E era assim que muitas pessoas negras interpretavam suas experiências no sul agrário. É essencial lembrar que, até o início do século XX, a maioria vivia no sul agrário e, assim como a população chicana, nossa relação histórica com a terra era de cuidado, união e manejo sustentável. Após a escravidão, pudemos escolher como manter essa relação. Por exemplo, pouca gente estava disposta a cultivar algodão após a emancipação, apesar de isso oferecer algum benefício econômico.

Em *O olho mais azul*, Toni Morrison escreve sobre como, no sul, mesmo com a pobreza, as pessoas negras sempre conseguiam manter uma conexão com a terra. Ela descreve a sensualidade da natureza, a cor das amoras. E eu me lembro de, quando criança, apertar madressilvas selvagens e sentir seu perfume nas mãos. Morrison fala sobre como essa experiência íntima e prática de estar em harmonia com a natureza criou uma cultura de pertencimento, um eros na vida cotidiana que foi interrompido quando grande porção da população negra migrou para as cidades do norte. Mais importante ainda, no norte não havia contato com o mundo natural, que antes servia de lembrete constante de que os brancos não eram todo-poderosos.

Daddy Jerry, meu avô paterno, adorava rir ao observar que os homens brancos não podiam controlar o sol, a chuva, ou fazer as plantações crescerem. Ele entendia que, no fim das contas, só nos restava a humildade de reconhecer que a natureza está sempre além da vontade humana. Em *Seus olhos viam Deus*, Zora Neale Hurston ilustra isso de forma bastante gráfica. O furacão aparece como um lembrete de Deus e do que ela evoca como o espírito divino, que repetidamente demonstra que os esforços humanos têm limites.

Amalia: Acho que aquelas de nós que crescemos nas classes trabalhadoras, especialmente em famílias agrícolas, vivemos em ambientes rurais e mantivemos uma proximidade com a natureza. Minhas primeiras lembranças de infância são de quando meu pai parou de trabalhar como migrante e conseguiu emprego como ajudante num rancho. Morávamos num pequeno rancho no Vale de Santa Clara, muito antes de alguém ouvir falar em "Vale do Silício". Lembro-me de colher algodão perto de Fresno ainda criança – nossa família dividia o trabalho, e muitas das minhas experiências com a terra eram coletivas. Os primeiros cheiros que me vêm à memória são o da terra e dos potes de piche, cuja fumaça espantava os insetos das árvores.

Porém, também reconheço que a vida migrante trouxe um preço alto para muitas famílias mexicanas. Por exemplo, com frequência somos mais expostas aos enormes riscos à saúde causados pelos pesticidas nos campos. O Vale de Salinas é conhecido como a "tigela de salada do mundo", mas vemos pesticidas como brometo de metila sendo injetados no solo. Protestamos contra essa prática pintando murais chamados *la fruta del Diablo*, a "fruta do diabo", como os mexicanos apelidaram o morango.

No meu trabalho como professora, tenho contato com a primeira geração de descendentes de trabalhadores rurais a ingressar na faculdade. Quando falam em sala de aula sobre suas experiências, muitas vezes mencionam a perda da relação com os pais, que vinham antes, trabalhavam para construir uma base sólida e, só então, mandavam trazer a família do México. Isso levava anos, e quando eles finalmente chegavam, grande parte das crianças já não os conhecia. Com o tempo, gerações de famílias mexicanas foram separadas e divididas pela fronteira, originando vilas fantasmas no México, povoadas por mulheres, crianças e idosos à espera. Uma jovem contou que quando tinha 3 ou 4 anos e brincava perto de casa um homem se aproximou pela entrada. À medida que ele foi chegando mais perto, ela ficou assustada e correu para dentro de casa. Quando ele tentou tocá-la, ela gritou chamando sua mãe. A mãe saiu e disse que aquele era o pai dela. No início, ela não acreditou – em sua imaginação, seu pai era o homem mítico que estava nos Estados Unidos ganhando dinheiro para a família, não um estranho em seu quintal.

Falando sobre os homens em nossas famílias, gostei de como você descreveu a relação de seu avô com a terra – o fato de ele reconhecer que o homem branco não consegue controlar o vento ou a chuva. Sabemos que muitas pessoas negras estadunidenses buscaram força nesse conhecimento. Acho que a população chicana também compartilha esse senso de relação espiritual. Por exemplo, muitas curas que usamos em nossas práticas espirituais vêm da nossa compreensão da terra. Quando crianças, nossas avós colhiam hortelã no quintal para fazer chá quando estávamos com dor de barriga. A sálvia era cultivada e seca para ser queimada como incenso nas práticas em nossos altares. Sabemos que muitos elementos da paisagem são sagrados, e artistas têm lutado para capturá-los. Às vezes, em nossa arte, procuramos documentar nosso trabalho, nossa luta e nosso valor, ao mesmo tempo que reivindicamos uma tradição espiritual que só pode existir nesse território.

bell: É algo que a cultura mexicana-estadunidense compartilha com as culturas indígenas e negras das Américas: a sensação de conexão espiritual com a natureza como um ponto de encontro, um ponto de solidariedade entre si. Historicamente, as populações negras e indígenas nos Estados Unidos se dispuseram a migrar para áreas naturais não ocupadas pelos homens brancos, pois temiam contrair tuberculose ou malária.

No filme *Filhas do pó*, ambientado nas ilhas do litoral da Carolina do Norte, Julie Dash retrata uma mulher negra estadunidense e um homem indígena que se encontram e constroem uma conexão por meio do respeito mútuo pela terra e de suas profundas experiências com a natureza.

Hoje, a maioria da juventude negra não se importa com a natureza nem em se conectar com a juventude indígena dos Estados Unidos. A maioria das pessoas negras sabe muito pouco sobre a história negra do sul do país e sua profunda conexão com a terra. Grande parte da literatura negra estadunidense da década de 1920 à de 1960 se concentrou em histórias negras do norte industrializado, que desprezam as histórias do campo e das pessoas que têm uma relação com a terra. Em muitas dessas obras, familiares do norte olham para os parentes do sul com desdém. As personagens estão ganhando dinheiro na fábrica, enquanto as famílias negras agricultoras trabalham 20 horas por dia sem que isso lhes traga grandes resultados financeiros. No entanto, as famílias negras que viviam da agricultura desfrutavam de uma qualidade de vida que deve ter sido mais sustentável e espiritualmente enriquecedora do que a de seus equivalentes do norte.

No livro *Call to Home* [Um chamado ao lar], a antropóloga Carol Stack observa a migração negra do norte de volta para o sul nos últimos 20 anos, aproximadamente. Muitas pessoas deixaram empregos que ofereciam melhores salários para restaurar laços rompidos com suas casas ancestrais. Entendo esse fenômeno de maneira pessoal, pois também migrei de volta para as colinas do Kentucky para sentir os cheiros da minha infância, observar os juncos e os pântanos e estar em contato com a natureza. Não quero que a minha relação com a terra seja moldada pela branquitude.

Amalia: O movimento de meeiros negros no século XIX e o seu afastamento de uma economia agrária durante a era da Grande Depressão parecem ainda mais relevantes nos dias de hoje. À medida que o país experimenta ciclos de recessão e depressão, as comunidades racializadas sempre ficam à mercê das políticas governamentais. Durante a Grande Depressão, a mão de obra mexicana foi violentamente usada como bode expiatório, e, quando jovem, ouvi histórias do meu tio sendo repatriado na década de 1930. Parece familiar? Demorei anos para escavar e conectar outras histórias de parentes que foram deportados em trens da Southern Pacific que mandavam pessoas mexicanas de volta para o México para viver e trabalhar lá. Não surpreendentemente, as negociações sobre essas deportações entre os Estados Unidos e o México nunca foram finalizadas, então as pessoas foram repatriadas para um país hostil e pouco acolhedor. Como resultado, recebiam terras em áreas insalubres cercadas de mosquitos e pântanos. Às vezes, eram expulsas de lá também.

Junto com as histórias de repatriação, também aprendi sobre as lutas travadas nos campos. As pessoas que chegaram na onda de imigração dos anos 1920 tornaram-se lideranças nos campos na década de 1930. Emma Tenayuca, Louisa Moreno e Josefina Bright – essas mulheres resistiram nos acampamentos de algodão no Vale de San Joaquin e foram as primeiras a serem deportadas para o México pelos Estados Unidos. Em grande parte, a repatriação visava eliminar pessoas mexicanas consideradas indisciplinadas, que vinham criando problemas para o agronegócio, e abriu espaço para a exploração de brancos pobres nas regiões assoladas pelas tempestades de poeira da década de 1930.

Não surpreende que essas histórias de migração e transmigração fronteiriça a serviço dos interesses corporativos e governamentais estejam se repetindo. Hoje, as grandes crises que enfrentamos incluem o Nafta, o crescimento das *maquiladoras** e o contínuo massacre de centenas de mulheres mexicanas pobres perto de El Paso, no Texas, e Juarez, no México.

Diante de tantas pressões, não é de surpreender que o ativismo chicano volte a evocar o mito de Aztlán – o mesmo que revisitamos nos anos 1960. Aztlán se situava no norte do México, a terra das garças, e passou a fazer parte da nossa narrativa coletiva sobre a jornada rumo ao norte e a fundação de Tenochtitlán (Cidade do México). Esse mito mostra como compartilhamos uma identidade geopolítica fluida, nos fornece um sentido de pertencimento e nos conecta à nossa terra espiritual. Ele também reforça nossos direitos sobre essa terra, que compunha mais da metade do antigo Império Mexicano.

bell: Imagino que, para a maioria das pessoas negras, a "fronteira" significa a linha que separa os Estados Unidos do México, o aumento da violência estatal, os grupos de vigias e uma série de questões econômicas e migratórias em grande escala. Mas também pode significar o abismo entre suas vivências e as de seus parentes no continente africano,

---

* O termo "*maquiladoras*" refere-se a fábricas localizadas principalmente ao longo da fronteira entre o México e os Estados Unidos que se dedicam à montagem de produtos que são depois exportados, em geral para o mercado estadunidense. Esse modelo de produção foi estabelecido na década de 1960 como parte de uma estratégia econômica para estimular a industrialização no México, permitindo que empresas estrangeiras, especialmente dos Estados Unidos, instalassem fábricas em território mexicano. Essas fábricas se beneficiam de condições favoráveis, como mão de obra barata, incentivos fiscais e menor regulamentação ambiental em comparação com os padrões estadunidenses. [N. da T.]

agora distantes. Desde a década de 1960, a comunidade negra tenta curar essa ruptura visitando o continente africano e aprendendo sobre sua história, seus costumes e rituais.

Algumas pessoas negras estadunidenses constroem uma imagem da África como uma "terra primordial" em termos um tanto utópicos e nostálgicos. Esse impulso não é uma surpresa, pois, por muitos e muitos anos, nos foi ensinado – num sistema educacional supremacista branco – que não tínhamos uma relação concreta com a África. Além da desinformação, o continente africano raramente aparece na mídia tradicional, e a viagem até lá é cara, o que tornou difícil para a maioria das pessoas negras dos Estados Unidos estabelecer uma relação genuína com sua terra ancestral. Os Movimentos de Artes Negras e do Black Power dos anos 1960 mudaram um pouco esse quadro, e então a série de TV *Roots* [Raízes] mostrou como um homem rastreou sua genealogia até a cultura específica de uma vila africana. A partir daí, pessoas negras famosas começaram a destacar e celebrar os elementos de culturas ancestrais que as ligavam à África por meio de seus nomes e histórias orais. Por exemplo, no final do século XIX e início do século XX, era possível encontrar pequenas casas no sul dos Estados Unidos pintadas com cores vibrantes, com altares nos quintais e jardins exuberantes. As pessoas se sentavam na varanda das casas e se reuniam, exibindo sua criatividade, compartilhando música e contando histórias. Cada ato dessas reuniões revelava retenções culturais africanas. A história da arte tem sido fundamental na documentação desses elementos de culturas ancestrais.

Contudo, à medida que as pessoas pobres migravam para áreas urbanas, muitas se estabeleceram em conjuntos habitacionais do governo, cuja arquitetura era alienante.

Não havia espaço para se encontrar com a vizinhança, e os conjuntos habitacionais eram frequentemente construídos nas periferias das cidades, afastados da comunidade. A moradia pública enfraqueceu as comunidades negras nos Estados Unidos ao separar as pessoas, criando hierarquias de classe. A infiltração de drogas nas comunidades negras – tanto em áreas urbanas quanto rurais – trouxe consigo a ameaça de genocídio e a ética cruel do "topa tudo por dinheiro", que destrói o senso de comunidade e de lar.

Amalia: Dentro das comunidades chicanas, enfrentamos a mesma batalha contra o vício. O surgimento das gangues tem suas raízes em práticas muito mais antigas de busca por pertencimento, como as federações comunitárias, que tanto tinham um caráter cultural quanto ofereciam proteção e suporte. Com o tempo, essas organizações foram convertidas em conjuntos habitacionais como White Fence e Maravilla. White Fence ficou associado, no sul da Califórnia, a pessoas provenientes de regiões específicas do México, como Pachuca. Muitas vezes, pessoas que emigravam juntas formavam grupos, e, com o passar do tempo, essas gangues passaram a fazer parte de um conflito maior entre Norteños (vindos do norte do México) e Sureños (do sul do México).

Essas conexões e conflitos permanecem invisíveis para quem está de fora da cultura. Esses jovens são identificados apenas pelas roupas e pelos estilos. Atualmente, existem listas de jovens que não podem ser vistos juntos, e a polícia tem agido de forma tão agressiva que há locais onde as pessoas simplesmente não têm permissão para se reunir ou parar na rua. Quando falamos das relações entre vício, criminalização, hegemonia e vigilância, boa parte disso tem origem nos chamados conjuntos habitacionais do governo.

7

MEMÓRIA

Amalia: Walter Benjamin escreve que o contrato entre quem vive e quem morreu nunca pode ser liquidado de forma superficial. Em outras palavras, temos o dever de honrar e lembrar nossa ancestralidade. Na arte chicana, a memória é algo muito além de uma questão privada. Na verdade, ela é coletiva, pública e tem o poder de nos conectar com a história. Isso é essencial para a comunidade chicana, porque nossa memória coletiva foi sistematicamente apagada por instituições educacionais e pela mídia de massa. Como consequência, grande parte do trabalho comunitário que realizamos busca incentivar as pessoas a resgatarem histórias, narrativas e canções. Esse tipo de trabalho também fortalece nossa capacidade de exigir prestação de contas da parte de instituições públicas, como museus e agências de financiamento. Isso fez com que algumas dessas instituições passassem a apoiar o trabalho de artistas que experimentam com a memória e a linguagem na contemporaneidade.

Contudo, a crítica cultural contemporânea, seja no cinema, na literatura ou na autobiografia, apaga o trabalho feito pelas comunidades latinas e negras em torno da memória. É como se nunca tivéssemos curado exposições que abordam esses temas, como "Ceremony of Memory" [Cerimônia da memória], ou escrito textos que discutem como a memória é usada como resistência. No entanto, ao olhar para trás, nas décadas de 1980 e de 1990, podemos ver que o nosso trabalho com a memória gerou atividades vibrantes em nossas comunidades e se tornou uma estratégia poderosa de organização.

bell: Sem dúvida. Para as comunidades negras, latinas e indígenas, a memória nos permite resistir e nos curar: nós nos conhecemos através do ato de lembrar. Quando perdemos o sentido de quem somos, quando nos desconectamos ou enlouquecemos, é por meio da cura pela fala, ou seja, por meio da reencenação da lembrança, que nos reencontramos. E a memória se torna um fio que pode dobrar, unir e reunir os pedaços fragmentados de nós, como indivíduos e com nossa comunidade.

Os movimentos de autodeterminação entre pessoas racializadas sempre destacaram a importância de recuperar nossas histórias, algo fundamental para construir uma autoestima saudável. No entanto, ainda hoje, revisitar o trabalho de alguém como Ivan Van Sertima, que documentou a presença de pessoas africanas no novo mundo antes de Colombo, é um ato radical e insurgente. O trabalho de Van Sertima não só nos permite descobrir algo "positivo" sobre as pessoas negras, mas também evidencia que os povos originários das Américas e as pessoas africanas se encontraram e se conectaram por meio de trocas culturais, e não pela dominação. Sabemos que o *éthos* da dominação tentou naturalizar a conquista, fazendo parecer que o conflito e a luta pelo controle eram inevitáveis quando dois grupos se encontravam.

Por outro lado, ao observarmos o fato de que as pessoas africanas chegaram aqui antes de Colombo e se envolveram com as culturas originárias das Américas, vemos um modelo alternativo, que valoriza a parceria e o respeito mútuo. Apesar da abundância que encontraram aqui, elas queriam voltar para casa, para suas línguas, costumes e cultura. Esse momento contra-hegemônico foi suprimido pelo imperialismo supremacista branco, porque sua existência mostrava que parcerias podiam ser formadas fora da lógica da dominação.

Amalia: Um dos projetos mais promissores no México recentemente tem sido o trabalho de ativistas que lutam pelo reconhecimento público da nossa longa relação com os povos africanos. O movimento é chamado de Tercera Raíz e foi criado para expandir a história oficial do México. É irônico que, enquanto boa parte da intelectualidade e dos ativismos chicanos exploram esse rico legado africano, o governo mexicano ainda emita selos postais com imagens racistas! Assim como os Estados Unidos, o México historicamente tem suprimido esse tipo de história, mas esse projeto indica que há disposição para examinar a complexidade do país. Para a comunidade chicana, esse esforço faz parte da nossa luta contínua para nos autonomear, autodefinir e valorizar de onde viemos.

Afinal, a comunidade chicana muitas vezes foi acusada de ser um povo sem história própria, como se todos nós fôssemos imigrantes. A cada década, a cada século, aparecemos nos Estados Unidos e então, de novo, a comunidade é vista como "nova". Por isso, é vital recuperarmos nossa memória coletiva. Precisamos falar sobre o que se perdeu com a criação da fronteira, com a separação e a destruição de multidões, e lembrar dos milhões de pessoas mortas por violência, doenças e condições de trabalho brutais durante as chamadas eras de "descobrimento" no México.

Durante essa era genocida, a região foi retratada como um paraíso vazio e um território incivilizado, à espera de ser conquistado. Os colonizadores trouxeram consigo memórias do Velho Mundo, renomearam plantas, animais e lugares para adequá-los a suas próprias narrativas, tentando apaziguar suas perdas como invasores que viajaram longas distâncias. E procuraram perpetuar a ideia de que nós não tínhamos memória. Recordo-me de que, num dos relatos feitos durante a queda de Tenochtitlán (Cidade do México), conhecida como *La Noche Triste**, um cronista mesoamericano escreveu: "Batemos nossas cabeças contra os muros. Estão salpicados de cérebros, as águas correm com sangue. Sentimos o gosto amargo da nossa própria perda. Nem mesmo nossos maiores guerreiros podem nos proteger. Nossas lanças estão quebradas. Nossa cidade está perdida. Nossa herança se foi." Essas palavras capturam a dimensão da nossa perda, que só pode ser resgatada por meio de nossa disposição de lembrar e testemunhar.

bell: E à medida que pessoas racializadas e mulheres utilizam a memória como espaço de resistência, a hegemonia

* *La Noche Triste* (A noite triste) foi um evento histórico (de 30 de junho a 1º de julho de 1520) durante a conquista do Império Asteca pelos espanhóis. Nessa data, o conquistador Hernán Cortés e suas tropas foram derrotados pelos astecas enquanto tentavam escapar da capital asteca, Tenochtitlán, hoje a Cidade do México. O episódio marcou uma das maiores derrotas dos conquistadores espanhóis na América. Muitos soldados espanhóis e seus aliados tlaxcaltecas foram mortos durante a fuga. Diz-se que Cortés, em um momento de luto e desespero, sentou-se sob uma árvore e chorou pela derrota e pelas perdas sofridas, o que deu origem ao nome *La Noche Triste*. [N. da T.]

branca reage com perguntas como: "Por que tanta confissão? Por que tanto testemunho?" Mas, quando nos engajamos nesse processo arqueológico e psicológico – quando redescobrimos não apenas os fatos históricos, mas a psico-história –, aprendemos sobre a nossa ancestralidade de maneira completamente nova. Por exemplo, ao descobrir que as mulheres escravizadas não apenas pensavam em matar suas crianças para evitar que fossem escravizadas, mas de fato o faziam, como Toni Morrison documenta em *Amada*, adquirimos uma visão nova e complexa da resistência das mulheres negras.

Um exemplo poderoso se encontra no documentário *Quatro meninas: uma história real*, de Spike Lee. Ele nos acorda da ilusão de que o racismo foi superado. Lee desafia as pessoas que fazem afirmações do tipo "se você não consegue avançar, o problema é seu" e que insistem na inexistência de uma conspiração supremacista branca e das agressões diárias vindas dessa supremacia. O que ele revela com habilidade é uma supremacia branca sistêmica, que não apenas é institucional, mas também cotidiana, presente nos silêncios e na conivência. Vemos um pai branco ensinando seu filho a não mentir, mas ao mesmo tempo mentindo sobre o que realmente aconteceu. Vemos esse mesmo menino, já adulto, refletindo sobre seu passado e confrontando o trauma de ter sido educado com mentiras. Vemos também a irmã de uma das meninas mortas, que foi forçada por um policial a identificar o corpo decapitado da irmã, sofrendo de doença mental como consequência desse trauma.

É uma das primeiras vezes em que podemos testemunhar o impacto do terrorismo racial e do estresse pós-traumático nas mentes negras estadunidenses. Nesse documentário, Spike Lee revela as interconexões entre psico-história e fatos históricos – mostrando como esses eventos moldam nosso universo emocional. Ele mostra como os fatos foram distorcidos: ao mesmo tempo que os brancos diziam ser amigos de pessoas negras, nos decapitavam. E insistiam: "Não sabemos quem poderia ter feito isso." Quando, na verdade, muitos brancos sabiam exatamente quem eram os culpados.

A primeira vez que assisti a *Quatro meninas* foi junto a um grande grupo de crianças durante uma atividade escolar. Elas aprenderam que as crianças também fizeram parte dos movimentos de justiça social e antirracismo. Precisamos lembrar que a resistência não envolve apenas pessoas adultas; crianças e jovens também tomam parte nisso. Quando usamos a memória como ferramenta para recuperar histórias roubadas e perdidas, sempre é em nome da nossa liberdade e autodeterminação.

Amalia: E eu diria que, além da nossa própria capacidade de lembrar individualmente, ou da habilidade de uma comunidade de sustentar a memória, há uma maneira pela qual a natureza em si mesma se lembra. Tenho um amigo, Ismael Frigerio, um artista chileno, que criou um projeto chamado Nature: The Never Ending Witness [Natureza: a testemunha eterna]. Esse trabalho nasceu a partir de suas experiências no Chile durante a época dos *desaparecidos*. Assim como em outros países da América Latina, a memória das mães que marcharam nas praças, erguendo retratos de seus filhos e suas filhas que desapareceram, trouxe à luz as práticas brutais das ditaduras. No seu projeto, ele documenta a descoberta de corpos de pessoas desaparecidas, que foram lançadas de aviões e descartadas nos desertos do norte do Chile, na esperança de que jamais fossem encontradas. No entanto, grupos peregrinos em busca de jornadas espirituais acabaram por encontrar esses corpos, e aos poucos suas histórias começaram a ser compartilhadas. Com o tempo, tornou-se evidente que a paisagem estava marcada por sinais de morte e destruição.

A natureza também desempenha um papel distinto em nossa prática de recordar. Por exemplo, deixamos flores e frutas em homenagem às pessoas mortas; é assim que marcamos nossas tragédias. Eventos que assombram uma família – como a morte de um jovem na guerra ou de um recém-nascido – são reverberados no altar doméstico, muitas vezes em preces e sempre através de histórias contadas. Cada família possui suas narrativas, e o altar é um registro das lutas e das perdas, assim como das instâncias de resistência e triunfo.

bell: Acho que é desafiador para muitas pessoas que carecem de consciência crítica compreender como a memória atua como um recurso para a resistência e a cura espiritual. Costumo compartilhar como a lembrança positiva de homens negros da minha família contrasta com os bombardeios diários de representações negativas geradas pela cultura hegemônica branca. No meu livro *Bone Black* [Osso negro], escrevo sobre meu avô, dizendo que "seus cheiros enchem minhas narinas com o aroma da felicidade. Com ele, todos os pedaços quebrados do meu coração se juntam novamente". É um ato de oposição apresentar experiências vividas de homens negros amorosos e cuidadosos, ainda mais quando somos constantemente bombardeadas com imagens que os retratam como brutais, desumanizados e incapazes de ternura. Tais representações odiosas são com frequência alimentadas por uma mídia de massa dominada pelo conservadorismo branco, que se apoia na criminalização, no rap gângster e no hip-hop misógino. De certo modo, as formas mais virulentas do rap gângster atacam a memória coletiva do povo negro, já que a música tem sido um espaço central de resistência na vida negra estadunidense. Artistas como Otis Redding, Jackie Wilson e Ray Charles nos legaram canções que revelam uma profunda carga emocional. Felizmente, testemunhamos o surgimento de uma música contra-hegemônica, com vozes positivas como Lauryn Hill, Mos Def, Talib Kweli, Jean Grae, Common, India Arie e Jill Scott. A música pode ser uma poderosa força de cura, em parte por sua capacidade de evocar memórias.

Quando compreendemos a memória como um presente que podemos usar para enriquecer nossa vida e viver de maneira mais plena, entendemos que a habilidade de lembrar está ameaçada numa cultura que valoriza apenas o presente. Por exemplo, em vez de se sentar e conversar com seus avós, boa parte da juventude está profundamente imersa na cultura do consumo passivo. Lembro vividamente a alegria que sentia ao visitar a casa da minha vó Baba. Ela não sabia ler nem escrever, mas eu a envolvia em conversas animadas sobre o passado, ávida por ouvir suas histórias. Quando somos jovens, não queremos ouvir uma história apenas uma vez – queremos ouvi-la repetidamente. Assim, eu dizia à minha avó, "me conta a história de tal coisa", até que ficasse gravada no meu coração. Muitas pessoas, jovens e velhas, me perguntam como consigo lembrar dos detalhes em *Bone Black* e *Wounds of Passion* [Feridas da paixão]. Eu lhes digo que passei horas conversando com meus avós, e muitas delas não têm ou não tiveram uma relação parecida.

Você e eu concordamos que precisamos valorizar a conversa e a contação de histórias, pois nossas memórias e narrativas são compartilhadas e mantidas vivas por meio dessas práticas. Se as pessoas racializadas se adequam a uma cultura que evita os diálogos, em especial os intergeracionais, limitamos profundamente nossa capacidade de lembrar. As memórias se formam como recursos, tanto conscientes quanto inconscientes, e são presentes que devemos estar prontas e dispostas a receber.

Gosto muito da citação do cineasta Luis Buñuel, quando ele observa sabiamente que é preciso começar a perder a memória – mesmo que de fragmento em fragmento – para perceber que a memória é o que dá significado às nossas vidas. A vida sem memória não é vida. Nossa memória é nossa coerência, nossa razão, nosso sentimento e até mesmo nossas ações.

Amalia: Quando você fala sobre a importância da sua avó em sua vida e trabalho, lembro-me de como meu pai e seus irmãos compartilhavam histórias sobre minha avó. Eles nos contaram que ela trabalhava em campos de migrantes e enfrentava aqueles que a desvalorizavam ou tentavam impedir seu esforço em alimentar e vestir suas crianças. Era conhecida por lançar pessoas pelas janelas se a tratassem mal! Além disso, ela visitava curandeiras para encontrar curas que mantivessem as crianças saudáveis em momentos difíceis. As histórias deles sobre os campos migrantes – como se deslocavam de um lugar para o outro com seus pertences carregados em caminhões, em busca de oportunidades de trabalho – são expressões de sofrimento extremo e agudo *e* de como conseguiram superá-lo. Essas memórias foram edificantes para mim; eram lições sobre resiliência.

As pinturas de Carmen Lomas Garza, especialmente as que tratam da vida migrante, como *Abuelitos piscando nopalitos* [Vovozinhos colhendo nopalitos], ou as que retratam festas de *piñata* da infância, funcionam como narrativas visuais que oferecem crônicas alternativas de vida para pessoas cujas histórias nunca foram celebradas ou "oficializadas". Já estive em museus onde vi pais e mães levando suas crianças até essas pinturas e explicando com cuidado cada elemento, para que nunca esquecessem aquele modo de vida. Graças a isso, essas imagens foram catalogadas em livros que venderam centenas de milhares de cópias – e estamos falando apenas dos estados da Califórnia, do Texas e do Novo México.

A muralista Judith Baca trouxe um imenso poder visual ao seu projeto em Los Angeles sobre a Grande Muralha. Baca convida contadores e contadoras de histórias a falarem sobre os campos de concentração para pessoas japonesas; a realocação forçada de Chavez Ravine, uma próspera comunidade mexicano-estadunidense em Los Angeles, em 1949; os agricultores da *dust bowl** que migraram para a Costa Oeste durante a Grande Depressão; ou histórias sobre o movimento pelos direitos civis. A obra *Great Wall* [O grande muro] é o maior mural do mundo e se estende por um rio cimentado em Los Angeles, permitindo que quem o visita acesse memórias coletivas que foram suprimidas ou censuradas. Às vezes, quem narra essas histórias são jovens que as ouviram de seus mais velhos e mais velhas.

---

* *Dust bowl* [tempestade de poeira] refere-se a um período de severa degradação ambiental e crises agrícolas nos Estados Unidos, especialmente na década de 1930. A combinação de práticas agrícolas inadequadas e condições climáticas extremas, como secas e tempestades de poeira, devastou vastas áreas do centro-oeste dos Estados Unidos, tornando a terra incapaz de sustentar a agricultura. Milhares de pessoas agricultoras, muitas delas empobrecidas, foram forçadas a abandonar suas terras e migrar para outras regiões, especialmente para a Califórnia, em busca de melhores oportunidades e condições de vida. Esse fenômeno teve um impacto profundo na demografia, na economia e na cultura dos Estados Unidos, contribuindo para a formação de comunidades migrantes e inspirando importantes movimentos sociais, incluindo o movimento pelos direitos civis. [N. da T.]

Já discutimos aqui a pedagogia da libertação. Se tornarmos as salas de aula espaços onde estudantes possam compartilhar testemunhos e relatar a história de suas próprias famílias sem temer punições ou censura, esses espaços se tornariam verdadeiramente democráticos. Se isso acontecesse, as narrativas pessoais poderiam nos oferecer ferramentas valiosas de aprendizagem.

bell: E o processo de se tornar sujeito, de apropriar-se da sua própria história, é fundamental para a autorrecuperação pessoal e a construção da autoestima. O African Burial Ground*, em Nova York, é hoje um local histórico, marcado por arte pública que não apenas relembra a presença de pessoas de ascendência africana no "novo mundo", mas também obriga a sociedade a reconhecer nosso trabalho e nosso papel no desenvolvimento do capitalismo avançado.

No entanto, é crucial lembrar que existe um impulso avassalador e contrário para desviar o olhar. Há alguns anos, a Califórnia conduziu audiências sobre reparações para as pessoas japonesas que foram presas em campos de concentração ali. Essas audiências não receberam a atenção global que mereciam, visto que os campos eram locais infames de terrorismo racial, e não apenas de preconceito. Fiquei profundamente emocionada ao ouvir essas pessoas japonesas falarem sobre o seu sentimento de vergonha e o desejo de silenciar esse passado.

* O African Burial Ground National Monument é um monumento histórico que abriga o cemitério mais antigo conhecido de pessoas de ascendência africana na América do Norte. Foi erigido para reconhecer e preservar a memória das vidas de pessoas africanas e negras estadunidenses que foram enterradas ali, muitas das quais eram escravizadas. [N. da T.]

É imperativo que as pessoas racializadas desenvolvam uma prática de recordar que não seja nostálgica, que permita que esse tipo de intervenções significativas aconteça. Por exemplo, podemos reconhecer as intervenções notáveis do Partido dos Panteras Negras como soldados da autodeterminação, ao mesmo tempo que lembramos como a organização era sexista, misógina e autodepreciativa. Em termos simples, precisamos pôr fim à lembrança seletiva. Alguns pensamentos afrocentrados podem sofrer com essa cegueira, visto que a África costuma ser apresentada como um lugar habitado apenas por reis e rainhas. Muitas vezes pergunto: "E as pessoas escravizadas que construíram as pirâmides? Nós nos desidentificamos com elas?"

Se nos entregarmos a essas práticas de esquecimento, como faz a cultura dominante, provavelmente inventaremos narrativas nas quais nos veremos como conquistadores. Em vez de fantasiar, precisamos construir relacionamentos genuínos de mutualidade. Permanecer no quadro nostálgico é paralisante.

Amalia: Você mencionou como um positivismo afrocentrado dá origem à história fictícia do africano idealizado e de uma África idealizada. Nos primeiros anos do movimento chicano, boa parte de nós nos apegamos a uma imagem idealizada do México. Nossa motivação era a necessidade de representações de beleza e poder que nos sustentassem, silenciamos nossas verdadeiras histórias. Lembro-me de ter participado, nos anos 1980, de duas exposições coletivas. Uma delas era uma série de pinturas do renomado pintor mexicano Helguera, que havia estudado na Espanha. Ele foi contratado por uma empresa de tabaco para viajar pelo México e capturar a "cultura mexicana". Entre as obras expostas estavam um vaqueiro, um *charro* a cavalo, uma mulher orando num batismo e outras imagens históricas – incluindo Malinalli, a mulher indígena que foi companheira de Cortés. Figuras como Dolores del Río e Jorge Negrete – membros da elite euro-mexicana e estrelas de cinema da era cinematográfica do México, nas décadas de 1930 e 1940 – eram os rostos que representavam os povos indígenas nas pinturas!

Do outro lado da cidade, na Galería de la Raza, havia outra exposição chamada "Cactus Hearts and Barbed Wire Dreams" [Corações de cacto e sonhos de arame farpado], de Yolanda López. Ela apresentou uma coleção de imagens estereotipadas do México – incluindo brinquedos da Taco Bell e saleiros da década de 1930 com imagens de pessoas mexicanas dormindo. Aqui estavam os dois extremos: o hiperidealismo e a falsidade de um México fictício, e as representações odiosas, feias e estereotipadas do México produzidas para o consumo dos Estados Unidos. Como comunidade chicana, acredito que fomos tão desumanizados e ofendidos por esses estereótipos negativos que nos lançamos de cabeça na adoção de um México hiperideal. Não era o México que nossos pais deixaram em meio à revolução ou à pobreza.

bell: Nosso compromisso com a cura se fundamenta na responsabilidade de encarar o passado com honestidade, revelando verdades, mesmo quando elas são negativas ou difíceis. Nas comunidades negras estadunidenses, muitas vezes nos esforçamos para suprimir memórias que nos retratam de forma desfavorável. Por exemplo, o impacto histórico do racismo internalizado em nosso cotidiano raramente é discutido, assim como a aceitação do sistema brutal de castas raciais que gerou uma profunda violência emocional. Nossas lembranças de incesto e violência doméstica também são com frequência censuradas. Para promover a revolução, precisamos confrontar essas histórias, escavar, observar e dialogar sobre tudo isso. Ao mesmo tempo que grande parte da nossa história de resistência foi silenciada pela hegemonia branca, nos envolvemos de forma coletiva na criação de imagens distorcidas. Apenas mais recentemente, grupos progressistas negros nos Estados Unidos começaram a contar histórias completas e complexas, sem se preocupar com a maneira como elas serão percebidas tanto pela população branca quanto pela negra.

Amalia: Quando você mencionou o sistema de castas, pensei em como as pessoas mexicanas ainda lidam com isso em nossa própria cultura. Discutimos anteriormente as pinturas de castas criadas nos séculos XVIII e XIX no México. Os espanhóis, ao estabelecer um *apartheid* racial, delinearam 53 categorias de misturas raciais entre africanos, indígenas e espanhóis, cada qual com um nome específico, como *teinte en el aire*, que significa "mancha no ar"; *salta atrás*, que significa "salto para trás"; ou *mulato*, derivado de mula, que se refere ao acasalamento antinatural entre um cavalo e um burro. "Sambo"* é hoje um epíteto racial nos Estados Unidos, mas foi originalmente uma das categorias raciais nas pinturas de castas.

---

* "Sambo" é um termo pejorativo racista utilizado nos Estados Unidos e em outros contextos coloniais. Surgiu no século XIX e foi amplamente utilizado em narrativas literárias, culturais e visuais para retratar uma caricatura de um homem negro submisso, infantilizado, preguiçoso e feliz com sua condição de servidão. Derivado de um nome comum em culturas africanas, o termo foi deturpado no contexto do racismo para reforçar e justificar a opressão racial, especialmente em sociedades escravistas e pós-escravistas. [N. da T.]

Essa linguagem e essas imagens compartilhadas evocam a história dolorosa da colonização. No entanto, as pinturas de castas também nos mostram que compartilhamos o sofrimento, o abuso e o genocídio naquela época. Nossas vidas, raças e histórias estão entrelaçadas e, ao examinarmos essa história visual e social, podemos encontrar maneiras de entender nossas lutas atuais. Uma das pinturas mais radicais retrata uma mulher espanhola e uma mulher africana vestidas de forma idêntica, lado a lado, cercadas pelos frutos do paraíso. À primeira vista, a pintura de castas não se concentra na taxonomia das mulheres, e sim na taxonomia da fruta e da fauna. Contudo, essas mulheres desafiaram as limitações impostas a suas vestimentas e relacionamentos. Aprender como povos indígenas e de ascendência africana enfrentaram a opressão e até mesmo ludibriaram um sistema de *apartheid* social nos inspira ainda hoje. Nós, pessoas racializadas, estamos profundamente conectadas.

8

ALTARES

bell: Amalia, sua arte trouxe uma visibilidade muito maior para o altar nos Estados Unidos, especialmente como ícone da vida mexicana-estadunidense.

Amalia: Eu desempenhei um papel importante dentro de um movimento, mas é óbvio que foi um esforço coletivo; não estive sozinha. Havia outras pessoas envolvidas, como a minha mentora, Yolanda Garfias Woo, além de Ralph Maradiaga e Carmen Lomas Garza. Muitas vezes me perguntam por que escolhi esse caminho, ainda mais considerando a hostilidade que o mundo da arte contemporânea guarda em relação à religiosidade e à espiritualidade. Algumas pessoas me criticaram por manter uma prática vista como provinciana, folclórica, ou até mesmo como uma expressão étnica autocentrada. Mas eu sempre afirmei que a minha relação com os altares e a criatividade vem de muito antes da escola de arte; ela está enraizada na minha infância.

Minha mãe ficou órfã muito jovem e passou parte da infância num convento, por isso guardava uma familiaridade profunda com os altares católicos. Além disso, minha avó paterna, Mariana Escobedo Mesa, veio do México durante a revolução em 1916. Esse deslocamento foi uma ruptura imensa e traumática em sua vida, mas uma das formas pelas quais ela encontrou cura e preservou o sentido de lar foi por meio de um altar em casa. Ela o mantinha no quarto, sobre a cômoda. Cada família tem seus santos favoritos, e minha avó, que creio que era mestiça, tinha uma devoção especial por São Martinho de Porres, em parte porque ele tinha a pele escura.

Então eu cresci rodeada pelo altar de casa, pelo altar da igreja, pelos oratórios ou capelas no quintal, as pequenas capelas que minha madrinha mantinha e cuidava. Desde muito cedo, percebi que os altares mediavam nossas relações com o divino e o sagrado dentro de casa. Além disso, poucas pessoas reconhecem que o altar de casa serve de contraponto ao patriarcado da igreja, já que em casa os altares são geralmente regidos por alguma mulher da família, como minha avó ou minha mãe. A igreja tem seu patriarcado de padres, mas muitas famílias cultivam uma espiritualidade matriarcal.

Essas primeiras vivências com altares e oratórios inspiraram muitas pessoas da comunidade chicana a criar arte comunitária durante as décadas de 1960 e 1970. Dois conceitos foram centrais para estruturar nossas ideias: resistência e afirmação. A arte de resistência criticava práticas coloniais, a hegemonia e o racismo branco. Já a arte centrada na afirmação nos ajudou a reivindicar as práticas que nos tornavam únicos como povo e que sustentaram nossa cultura em meio a ambientes hostis, incluindo as tradições do altar em casa. Eu me lembro de, naquele início, voltar para casa e fazer muitas perguntas à minha família sobre o altar da minha avó.

Boa parte de nós era mexicana de primeira ou segunda geração nos Estados Unidos, e nos envolvemos ativamente no que eu chamei de "reivindicação cultural"; meu compadre Tomás Ybarra-Frausto cunhou a expressão "fontes nutritivas" para se referir a práticas comunitárias que nos nutriam. Entre elas, estava a criação e a manutenção de altares, o respeito pelos mortos e as tradições do Dia dos Mortos, além da criação de oratórios no quintal, que às vezes se transformavam em exibições políticas. No começo, as pessoas punham ali santos ou virgens, mas, com o tempo, começaram a incorporar outros elementos, como mosaicos de pratos quebrados, luzes de Natal e até cascatas.

Acredito que um dos aspectos mais marcantes do altar é a centralidade do ícone, seja a Virgem de Guadalupe, uma figura transformadora que conecta as Tonantzins, seja as Deusas Mães, seja o Santo Niño de Atocha, "o menininho que viaja". Todo altar tem uma iconografia própria, e cada um busca unir pessoas vivas e mortas. São coisas que você aprende rapidamente ao começar a montar altares públicos.

Lembro-me das nossas primeiras oferendas de Dia dos Mortos na Galería de la Raza, que envolvia a criação de oferendas temporárias e efêmeras a quem morreu, em vez de oferendas permanentes e contínuas. Eu comecei a mesclar as duas formas de propósito. Pus a imagem da minha irmã junto à da minha avó e adicionei minha própria máscara. Imediatamente, as mulheres mais velhas da comunidade vieram nos dizer que isso era muito perigoso e de péssimo agouro. Numa oferenda para os mortos, nunca se deve incluir a imagem de uma pessoa viva. Elas não aceitavam que eu mesclasse duas tradições – o registro permanente e contínuo da família no altar e a prática temporária e efêmera das oferendas aos mortos. Para elas, eram coisas completamente distintas.

Continuei com essa prática, adaptando e inovando. E, ao trabalhar nesse formato, ficou evidente para mim por que os altares têm sido tão importantes para as famílias: eles representam uma forma de criação de memória e história, e essas memórias se acumulam. São desejáveis porque têm camadas, de modo que, sempre que vemos um altar, compreendemos a complexidade e a resiliência daquela família. Você verá as medalhas do seu tio que morreu na guerra, os sapatinhos de quando você era bebê, as flores secas do casamento de sua prima, as fotos do noivado de sua mãe e seu pai quando jovens; encontrará o rosto de seu bisavô e a imagem de uma criança recém-nascida, porque todos os parentes fazem parte de uma cosmologia familiar centrada na memória e conectada ao presente. O altar é sagrado porque protege a família e seus bens. Por exemplo, todos os documentos importantes da família ficam ali, sejam eles documentos fiscais, registros de batismo, certidões de casamento ou apólices de seguro: as coisas de valor são mantidas no espaço sob o altar.

Muitas pessoas chamam isso de uma forma de *rasquachismo*, ou, como dizemos na comunidade chicana, "fazer o máximo com o mínimo". Os oratórios de quintal, por exemplo, podem ser feitos de pratos quebrados, bolinhas de gude antigas, garrafas de Clorox cortadas – nada é descartado quando se está montando esses altares, eles têm sua própria lógica. Sempre fiquei intrigada quando as pessoas chamavam os altares domésticos de "kitsch", porque na verdade eles não são. Não são produzidos em massa nem vêm de uma sociedade dominante que os identifica como valiosos. São feitos quase sempre à mão, com elementos que refletem a engenhosidade dos próprios integrantes da família. E sempre há elementos da natureza, indícios indígenas nesses altares. São espaços sagrados e um espaço onde as mulheres têm poder.

bell: Assim como as famílias mexicanas nos Estados Unidos, muitas famílias negras no sul construíam altares em suas casas, à revelia da influência do cristianismo patriarcal, que desencorajava essa prática. Na igreja cristã fundamentalista, o altar sempre teve um papel importante. Quando eu era criança, cantava uma música chamada "Is Your All on the Altar of Sacrifice Laid?" [Puseste tudo o que és no altar do sacrifício?]. O altar era o lugar onde você depositava seus fardos e os deixava lá, enquanto se restaurava.

Escrevi sobre os espaços que funcionam como santuários em lares negros no sul dos Estados Unidos, formados por fotografias e lembranças. Quando criança, eu me fascinava diante desses santuários dedicados à nossa ancestralidade, que contavam as histórias de nossas famílias. Na infância, aprendíamos sobre quem morreu olhando para essas paredes cheias de fotografias.

Eu também lembro de uma maneira peculiar de como segurava minhas mãos e, ao ver imagens da minha tia Hettie Lou, que morreu jovem, percebi que ela segurava as mãos de forma semelhante. Foi uma revelação incrível. Esses santuários comunicavam uma psico-história, uma genealogia da alma, mostrando como traços, interesses e crenças eram transmitidos de geração em geração. Assim como as mulheres mexicano-estadunidenses, a criação de santuários oferecia uma prática espiritual e criativa para as comunidades negras estadunidenses, superando os limites do patriarcado. Criar altares era uma forma de adoração, restauração e devoção.

Amalia: O curanderismo, uma visão de mundo e prática de cura, como prática sagrada ocupa o mesmo espaço intermediário que o altar de casa. O altar é o espaço onde o indivíduo se comunica com o divino e onde o celestial está sempre presente na vida cotidiana. Por isso, os altares de casa são aceitos em muitas famílias. Artistas e profissionais da cultura da comunidade chicana reconhecem o valor narrativo do altar de casa e o utilizam como instalações e práticas rituais, ajudando a construir e fortalecer as comunidades.

bell: Em seus estudos sobre o vodu haitiano, Zora Neale Hurston revela que a "negritude" nos Estados Unidos sempre foi um fenômeno híbrido, uma composição que abarca costumes e práticas originárias do continente africano, do Caribe e das Américas. Antes da criação de igrejas formais, a espiritualidade era expressa em santuários, lugares privados e secretos nos barracos de pessoas escravizadas; o escravocrata branco sequer conseguia compreender que aquelas pedras e ervas montadas formavam um altar, um lugar de poder na vida de pessoas que não tinham poder.

A arte de pessoas negras escravizadas, muitas vezes feita de objetos achados, ajudava a criar e preservar um espaço sagrado voltado para suprir suas necessidades. Muito antes de Carl Jung conceber a ideia de inconsciente coletivo, as pessoas negras nos Estados Unidos já buscavam formas concretas de se conectarem e serem guiadas pelo mundo espiritual. Santuários e altares eram ferramentas que nos ajudavam a manter a sanidade diante da violência e da brutalidade. Eram também instrumentos de resistência, mesmo que discretamente, contra a dominação.

Nossas tradições, sem dúvida, se sobrepõem, e isso é visível na obra de artistas da contemporaneidade como Betye e Alison Saar. De forma consciente ou não, suas criações foram informadas tanto pela iconografia mexicana quanto pela negra estadunidense. Elas recorrem às memórias de santuários e altares nos quintais, além de refletirem a hibridez cultural que está no centro da experiência negra nos Estados Unidos.

Amalia: Por que você acha que a sociedade mais ampla se sente tão atraída por essas práticas? Imagino que seja um reflexo do vácuo e do vazio da cultura dominante. As pessoas, de fato, não têm um espaço para lamentar, chorar ou processar o luto. Nossa sociedade tem um mecanismo embutido de promover a "obsolescência", descartando qualquer coisa que não seja nova, inovadora ou jovem. Como resultado, por exemplo, as pessoas que perdem um ente querido são vistas como anormais se demonstram sua dor por mais de dois ou três meses.

bell: Essa é uma característica da sociedade do conquistador e da cultura dominante. E é por isso que neste país há uma quantidade enorme de monumentos públicos que representam apenas a conquista, o triunfo ou a destruição, em vez de algo mais complexo e profundo. Um dos aspectos encantadores da revisão contemporânea da igreja em San Juan Bautista na Califórnia é a bela estátua de uma figura indígena. Há uma estátua de um padre mais próxima da capela, mas fui atraída por essa escultura que representa o indígena americano. Esse monumento oferece uma exposição muito diferente de arte pública, que muitas vezes só celebra o imperialismo cultural branco.

Amalia: Judy Baca costuma se referir a essa estátua como o "canhão no parque". A estátua realmente se destaca. Em geral, apenas o vencedor tem sua história contada, a memória pública permanece apenas nas mãos dos que subjugaram os outros. No entanto, todas as pessoas sentem a mesma fome de expressar publicamente seu luto e sua perda. Após o Onze de Setembro, por exemplo, as pessoas sentiram uma necessidade incrível de viver o luto de maneira coletiva, saindo de suas casas para construir santuários, ou *descansos*. Santuários semelhantes estão surgindo na Louisiana, em homenagem às vítimas da tempestade e das enchentes. Um *descanso* é um local de repouso, um tipo de memorial que frequentemente reconhece um acidente, uma morte ou uma tragédia. São comuns em áreas rurais.

bell: Quando falamos sobre a morte, existe sempre uma comunalidade, pois a morte é o grande nivelador. *Todo mundo* está caminhando para a morte, e é no altar da morte que entregamos nossas diferenças e nos tornamos um só.

9

DIA DOS MORTOS

bell: Em todo o mundo, as pessoas racializadas enfrentam condições adversas que beiram o inacreditável. A exploração, a pobreza, a opressão e a falta de acesso a alimentos, água potável e cuidados médicos fazem com que muitas pessoas entre nós conheçamos o processo de cuidar de alguém em seus últimos momentos de vida ou enfrentemos a nossa própria morte de forma prematura. Por exemplo, a expectativa de vida das pessoas de ascendência africana no mundo é alarmantemente inferior à das pessoas de ascendência europeia. Quando olhamos para o continente africano, a situação é ainda mais devastadora. Em muitos países, viver além dos 40 anos tornou-se algo raro.

E, como vimos recentemente em Nova Orleans, no sul da Ásia e no Paquistão após o furacão, o tsunâmi e os terremotos, não existem desastres puramente "naturais" nem consequências puramente "naturais". Pesou na balança de milhões de pessoas o fato de serem racializadas e pobres, levando-as ao deslocamento forçado, à doença e à morte, até mesmo nos ricos Estados Unidos. É impossível falar sobre revolução ou novas formas de vida sem enfrentar essas realidades.

Além disso, muitas de nós foram física e emocionalmente vulnerabilizadas por guerras absurdas. Três anos após o início da "guerra ao terror", quase 100 mil civis foram mortos no Iraque, e milhares perderam a vida no Afeganistão.

Amalia: Diante do enorme abuso, da violência, das doenças e da exploração que você mencionou, uma das fontes de revitalização e resistência em algumas culturas é o entendimento coletivo de que existe uma relação entre os vivos e os mortos. A comunidade latino-americana desenvolveu práticas e tradições que nos sustentaram muito antes da chegada dos colonizadores espanhóis e que persistiram não apenas após a colonização, mas também ao longo das intervenções anglo-saxônicas e da ocupação territorial. Muitas dessas tradições estão profundamente conectadas ao Dia dos Mortos.

O Dia dos Mortos é uma antiga tradição mesoamericana que celebra e honra a pessoa que morreu enquanto ela faz a passagem para o mundo dos espíritos. Os colonizadores espanhóis tentaram assimilar essa prática ao calendário católico, estabelecendo o "Dia de Finados" no início de novembro. No entanto, apesar dessa tentativa de apropriação, muitos rituais, bem como as oferendas – flores, comida, velas –, permaneceram enraizados nas tradições indígenas.

Antes da invasão espanhola, o culto aos ancestrais se manifestava por meio de práticas e cosmologias nas quais Mictlan, a Terra dos Mortos, representava o lugar onde as almas passavam por vários estágios de transformação até atingirem o esquecimento. Grupos específicos, como guerreiros que morreram em batalha ou mães que faleceram durante o parto, tinham destinos especiais em Mictlan. Essas tradições indígenas prescreviam que as pessoas mortas fossem lembradas em períodos específicos do ano. Quando os colonizadores chegaram, eles cooptaram essas práticas, reconhecendo que não podiam extingui-las. Assim como erigiram catedrais sobre as ruínas de templos destruídos, também agregaram essas tradições de culto aos ancestrais ao redor do "Dia de Finados".

Como resultado, nossas tradições acabaram incorporando tanto conceitos antigos quanto contemporâneos sobre a morte e o morrer. Na comunidade mexicano-estadunidense, o Dia dos Mortos continua a oferecer um espaço para enfrentar muitos dos desafios que você descreveu: doenças, pobreza, exploração, violência, racismo e morte. Durante essa celebração, passamos dois ou três dias em rituais comunitários que conectam os ancestrais e a procissão fúnebre. Esses momentos se tornam um ponto de encontro entre a celebração alegre das pessoas que morreram e a aceitação, embora resignada, da realidade da morte. As pessoas juntam dinheiro para criar altares maravilhosos e desfrutar de dois dias de beleza.

As oferendas que fazemos aos mortos são chamadas de *ofrendas*, e os lugares de celebração e devoção, *altares*. O ato de lembrar nos permite transcender a perda, o luto e o medo da morte. Às vezes, descrevo isso como uma espiritualidade politizadora; por meio dela, acredito que desenvolvemos habilidades que nos ajudam a enfrentar condições extremas e desafios que poderiam devastar outras comunidades. Em espanhol, há um ditado: "*cada vida tiene su pena*" – cada vida tem seu fardo. Mas eu aprendi como me sustentar diante da morte e do morrer.

bell: Na cultura popular afro-estadunidense tradicional, sempre houve a compreensão de que a morte é iminente, está sempre à espreita. Afinal, um dos espaços mais segregados nos Estados Unidos, antes do movimento dos direitos civis, era o hospital. Há uma grande quantidade de relatos de pessoas negras morrendo a caminho do hospital mais próximo que aceitasse pessoas negras, após passarem por inúmeras instituições que recusaram atendimento. Mesmo assim, cresci numa das poucas cidades do sul que possuía um hospital exclusivamente para a nossa comunidade, embora o local tivesse poucos leitos. Assim, existia o entendimento tácito na comunidade de que, se alguém estivesse à beira da morte, essa pessoa não seria levada ao hospital – o leito deveria ser reservado para alguém que poderia se recuperar. Nesse contexto, entendia-se que as pessoas com chances de sobrevivência tinham prioridade.

A morte é retratada como uma amiga, uma consoladora e uma presença inevitável na poesia de James Weldon Johnson. Durante minha juventude, esse reconhecimento da morte foi fundamental para o entendimento profundo e orgânico da vida no sul dos Estados Unidos. Tratava-se de um conceito que contrastava com a perspectiva ocidental branca, que buscava derrotar ou negar a morte. Na experiência negra estadunidense, havia uma aceitação mais natural da impotência diante da morte, acompanhada das reflexões: "Como você está vivendo sua vida? Tem se preparado para a hora da morte? Será capaz de encarar e prestar contas da vida que levou?"

Quando Elisabeth Kübler-Ross procurava uma forma de lidar com as inúmeras mortes que presenciava como médica em Chicago, observou uma mulher negra, integrante da equipe de limpeza, que costumava entrar nos quartos de pacientes à beira da morte. Cada vez que ela saía, algo notável acontecia: as pessoas acamadas, antes tomadas por medo e angústia, experimentavam uma paz inesperada. Kübler-Ross confrontou a mulher, perguntando: "O que você faz nesses quartos?" Mas ela não quis revelar. Kübler-Ross acabou se escondendo atrás de uma cortina e a observou contar sua própria história sobre a perda repentina de sua criança, e como a morte sempre retornava de maneira inesperada à sua vida. Em vez de descrever a morte como uma tragédia, essa mulher negra a encarava como uma oportunidade de despertar, um momento de renovação de seus votos à vida.

Kübler-Ross desenvolveu sua teoria sobre como morrer em paz a partir dessa experiência transformadora. Tristemente, o nome dessa mulher negra jamais foi citado em seus escritos ou memórias autobiográficas, algo típico do imperialismo cultural branco e de uma prática acadêmica competitiva. O apagamento do nome dessa mulher negra, uma honra que lhe era devida, é também a negação do que lhe foi tirado. Não foi um processo recíproco de compartilhamento.

Stephen Levine, autor de diversos livros sobre como as pessoas nos Estados Unidos lidam com a morte, discute tais questões a partir da divisão de classes sociais, porém ignora as divisões raciais. Como muitos outros teóricos, ele fala sobre a morte sem mencionar as pessoas racializadas. No entanto, em todo o país, grande parte das pessoas profissionais da saúde, como enfermeiras e cuidadoras mal remuneradas que trabalham em hospitais, asilos e casas de cuidados paliativos, são pessoas racializadas. Hoje, quem faz o trabalho árduo e emocional de cuidar de doentes e pessoas moribundas são, em sua maioria, pessoas racializadas. E pouquíssima gente teoriza sobre a relevância e a natureza desse cuidado, que, apesar disso, as pessoas marginalizadas e despossuídas oferecem com generosidade.

Os rituais do Dia dos Mortos me parecem ser mais um exemplo de como as pessoas racializadas têm uma compreensão profunda do ciclo da vida e da morte, mesmo sendo com frequência marginalizadas nessas discussões. Ao confrontar a morte, encontramos um espaço para celebração e, como você destacou tão bem, um lugar de alegria fugaz.

Amalia: Do mesmo modo, os rituais do Dia dos Mortos sempre carregam uma dose de humor. Por exemplo, há sempre alguém oferecendo caveiras de açúcar com o nome de um ente querido, uma *calavera*, uma caveira, que expressa um amor que transcende a morte. Essas práticas se sustentam em sistemas de crenças que têm mantido nossas comunidades vivas por séculos. Nada é permanente nesta vida; não possuímos esta terra ou este mundo; somos visitantes, como a grama da primavera: viemos para florescer, brotar, murchar, secar e voar nas asas do vento.

Como você pode perceber, boa parte dos valores e das crenças que sustentam o Dia dos Mortos contradiz valores do capitalismo e do individualismo. Então, não é de estranhar que muitas pessoas brancas tenham distorcido e desfigurado essa tradição. Elas nos procuram para participar de nossas procissões e encontros, mas logo seu mal-entendido sobre nosso humor e nossa alegria transforma tudo no carnaval do Halloween, e milhares delas vão a Los Angeles e San Francisco para as procissões, buscando um momento de transformação, mas acabam por profaná-lo. Maculam nossa celebração. Transformam novamente nossa tradição em uma caricatura assustadora de seu próprio "All Hallows" [Dia de Todos os Santos].

Apesar disso, tenho visto um número crescente de jovens em nossa universidade reconhecendo o valor dessa forma de rememoração. A juventude se encanta, em especial, com os altares e as danças astecas. A juventude precisa dessas práticas para encarar a vida. E, quando mencionamos o cuidado com os mortos, penso nas tradições de vigília e nas figuras como César Chávez, que estavam dispostas a jejuar e a arriscar a vida para demonstrar o núcleo espiritual da ação política. Eu me lembro de uma greve de fome de duas semanas, liderada em 1993 por estudantes da UCLA que apoiavam a criação de um departamento de estudos chicanos, chegando ao décimo segundo dia. Mães e pais das pessoas estudantes estavam lá, rezando pela juventude, mas ninguém pediu que parassem; as famílias se uniram a uma tradição de sacrifício, que é o outro lado do serviço. Nossas tradições em torno da morte e do morrer nunca foram apenas sobre celebração, cerimônia, reconstruções míticas ou nostalgia; sempre estiveram profundamente entrelaçadas com a resistência e a luta. O jejum e as vigílias demonstram respeito pelo serviço e pelo sacrifício alheios.

bell: Não admira que a cultura hegemônica sinta dificuldade em reconhecer esses rituais de memória. Como poderiam, se os Estados Unidos se envolvem todos os dias na matança em massa de povos racializados ao redor do mundo? Como então podemos falar, de fato, em honrar a morte? Além disso, nos rituais, como você os descreve, há a constante afirmação de alegria e luta. A alegria muitas vezes nasce após o sacrifício, de modo que podemos responder àquela pergunta, como na canção *spiritual*: "Is your all on the altar of sacrifice laid? Is your all doth the spirit control?" [Puseste tudo o que és no altar do sacrifício? O espírito te controla completamente?] Só podemos alcançar a benção e encontrar paz e descanso quando tudo é posto no altar.

Amalia: Essa tradição de espiritualidade e sacrifício também faz parte do poder da arte em transformar momentos de luta numa linguagem que gera significado e compreensão. Penso, por exemplo, na obra que o artista porto-riquenho de instalações Pepón Osorio criou no Museo del Barrio, em Nova York, intitulada *El Velorio* [O velório].

Nessa obra, Osorio explora o que ocorreu no Bronx e no Spanish Harlem* no final dos anos 1980 e início dos anos 1990. Muitas pessoas jovens morreram de aids, porém suas famílias não celebraram suas mortes, por medo do estigma que acreditavam que isso acarretaria. Já viviam em condições de pobreza e sofrimento, e, assim, morreram e foram enterradas de forma discreta. Não houve velório, não houve celebração: suas mortes não foram marcadas por alegria, comida ou música.

Pepón Osorio começou a recolher as histórias das mães e das avós de tais jovens e pediu a uma funerária que lhe emprestasse caixões. Encheu os caixões com imagens translúcidas de fotografias dessas pessoas e escreveu no tapete e nas paredes da grande sala, que foi arrumada como uma capela funerária, com bancos para visitantes se sentarem. Nessas superfícies, gravou as citações e as histórias das famílias que expressavam o amor por seus filhos e suas filhas e a tristeza por não poderem reconhecer publicamente suas mortes. Por fim, preparou elaborados arranjos florais para cada uma dessas pessoas lembradas e os dispôs como coroas sobre os caixões. Na primeira noite, apenas as famílias foram convidadas a visitar.

As famílias não se conheciam, mas formaram uma comunidade imediata para realizar o velório que não puderam fazer. Com o tempo, cada vez mais pessoas se uniram,

* East Harlem, também conhecido como El Barrio ou Spanish Harlem, é um bairro em Manhattan, na cidade de Nova York. A maioria de sua população é formada por pessoas falantes de espanhol. [N. da T.]

e foi necessário ampliar a exposição: o museu se transformou num espaço de luto e memória, e esse velório se tornou uma vigília que durou vários meses. Quer chamemos isso de arte espiritual ou arte popular, a capacidade de traduzir os momentos mais difíceis de nossas vidas em algo coletivo e público torna-se evidente.

bell: Você e eu crescemos numa época em que era raro conhecermos algum jovem que morresse. Hoje, estamos imersas numa cultura na qual é difícil encontrar uma família urbana pobre cujos membros não tenham enfrentado várias mortes de pessoas jovens, seja por violência ou doença. A juventude racializada, especialmente a que vive nas cidades, lida com a morte de forma rotineira.

Há alguns anos, conduzi um workshop de escrita para jovens na cidade de Nova York. Fiquei estarrecida ao ver como meninas e meninos de 10 e 11 anos escreviam tanto sobre morte, perda e luto. Por não viverem numa cultura que atribua significado a cada morte, o simples testemunhar dessas perdas provoca um desespero profundo. Como uma criança do sexto ano pode lidar com tanta morte? Por que deveria? As pessoas racializadas precisam se engajar ativamente na luta contra a violência e a doença em nossas comunidades, mas também devemos retomar nossos rituais de rememoração. Não podemos esconder ou minimizar essas perdas diante de nossa juventude nem transmitir a ideia de que a morte é seu destino, independentemente do que façam na vida.

Amalia: Com certeza. As tradições do Dia dos Mortos, que o povo chicano resgatou por razões políticas na década de 1960, vêm se tornando um veículo poderoso para que a juventude honre pessoas que perderam para a violência ou outras formas de injustiça. Nos últimos anos, trabalhamos em várias comunidades latinas com programas de intervenção em gangues em Salinas, Califórnia, como o Second Chance [Segunda chance], a fim de criar espaços onde as pessoas possam falar publicamente sobre a violência, permitindo a possibilidade de cura. Um grupo de estudantes com quem trabalhamos em Salinas criou um muro da lembrança, onde puseram fotografias de suas amizades que morreram: crianças de 10, 12, 14 anos. E continuamos nossa ação com trabalhadores rurais e suas famílias que perderam entes queridos devido a acidentes de trabalho ou doenças.

bell: Antes de seu primeiro encontro com a morte, grande parte da juventude com quem conversei disse acreditar que a morte não era permanente. E, em muitos casos nos quais as crianças disparam armas contra outras, elas ficam surpresas quando a outra criança não ressuscita. Eis aí o grau da alienação que enfrentamos na compreensão da verdadeira violência da morte sem sentido. Portanto, sem formas de recuperação e ativismo, como o muro da lembrança, limitamos a capacidade de entender como viver plenamente e como podemos mudar as condições materiais e concretas para acabar com mortes desnecessárias.

Martin Luther King e Malcolm X sempre foram heróis para mim porque ambos compreenderam que seriam convocados a entregar tudo o que eram – sua vida – no altar do sacrifício. Quando Martin Luther King se levanta e declara, com a voz trêmula e cheia de medo, "Não tenho medo de nenhum homem esta noite. Porque estive no topo da montanha e vi a terra prometida", ele na verdade está falando sobre o momento presciente e raro no qual se entende que se está prestes a morrer por suas crenças, e se sente preparado para fazê-lo sem medo. Isso é o que queremos dizer quando falamos sobre morrer com integridade. Ambos não chegaram a completar 40 anos. Suas mortes ocorreram na doçura de suas vidas, e, à medida que se aproximavam da realidade da morte, tinham percepções cada vez mais novas e visionárias sobre como acabar com a dominação e criar um mundo pacífico e justo.

Apesar das nuvens sombrias que agora nos cercam – terrorismo dos Estados Unidos e tortura de inocentes, belicismo, ascensão do imperialismo e o crescente abismo entre as classes ricas e pobres –, temo que tenhamos esquecido o que significa estar disposto a sacrificar-se dessa maneira. Basta pensar na monja budista que se imola com tristeza e alegria, dizendo: "Quero tanto que o mundo conheça o significado da paz que me queimo; entrego-me." Se não conseguirmos acessar essa filosofia, não conseguiremos construir resistência. Não alcançaremos a redenção e não conversaremos com nossa ancestralidade. Vemos o mesmo nos rituais do Dia dos Mortos. As pessoas racializadas que encontram raízes num sentido profundo de culto aos ancestrais estão conectadas a tradições que honram a morte e podem escolher viver sua vida com maior vigilância. Sabemos que, sem uma vigilância crítica, não poderemos sobreviver.

Posfácio

bell: Desde o Onze de Setembro, vivemos uma onda de hipernacionalismo histérico. Essa tragédia permitiu que políticas conservadoras de direita e políticas supremacistas brancas fossem aprovadas com mais facilidade, como invasões e guerras imorais, o saque de recursos dos serviços sociais para sustentar o aparato militar e mudanças profundas e duradouras nas políticas de imigração dos Estados Unidos. Assim como outros grupos de pessoas racializadas, as pessoas negras e latinas têm carregado o fardo dessas mudanças. No entanto, grande parte dessas políticas fascistas já estava sendo implementada antes do Onze de Setembro; ele apenas catalisou uma reinscrição mais severa dessas ações. Os debates atuais sobre imigração certamente são reflexos desse pensamento.

Amalia: Sem dúvida. E, para as pessoas mexicanas, essas políticas de imigração draconianas *não* são novidade. Na década de 1920, pessoas que atuavam como organizadoras sindicais nos campos – muitas delas com cidadania – foram deportadas para o México. Depois vieram as deportações em massa da "Operação Wetback"* na década de 1950. Há um ciclo de ambivalência com relação ao México por parte dos Estados Unidos. Primeiro, eles nos demonizam como um povo preguiçoso e como parasitas e nos deportam, depois nos trazem de volta quando precisam da nossa mão de obra. Isso acontece há muito tempo. A novidade é a resistência pública e a crítica cada vez mais visível; as marchas em apoio aos direitos dos imigrantes nas cidades dos Estados Unidos foram simplesmente impressionantes.

bell: Parte dessa demonização envolve negação; a sociedade não quer admitir que muitas pessoas negras e brancas pobres simplesmente não estão dispostas a trabalhar no campo. Em minha pequena cidade no interior do Kentucky, a comunidade negra não é grande, mas a população latina vem crescendo rapidamente. Essa comunidade crescente trabalha nos campos de tabaco e tomate, e é desconcertante observar como essa cidade "liberal", que tem raízes na história abolicionista, reagiu a isso. Por exemplo, uma professora feminista, branca e progressista sugeriu que a Igreja Católica oferecesse uma missa em espanhol. No início, as forças conservadoras se opuseram com veemência. A reação foi algo como: "Se não falam inglês, deveriam voltar a seus países." Isso nada mais é do que resistência supremacista branca.

---

* A "Operação Wetback" foi uma campanha massiva de deportação conduzida pelo governo dos Estados Unidos na década de 1950, com o objetivo de expulsar pessoas trabalhadoras migrantes mexicanas que haviam cruzado a fronteira de forma irregular. O termo ofensivo "wetback" refere-se de maneira pejorativa a migrantes que cruzavam o Rio Grande para entrar nos Estados Unidos. Iniciada em 1954, essa operação resultou na deportação de centenas de milhares de pessoas, muitas delas sem o devido processo legal e, em alguns casos, mesmo sendo cidadãs estadunidenses ou residentes legais. [N. da T.]

E essa resistência não vem apenas da direita, mas também da ala liberal que está aterrorizada. As pessoas têm medo do que acontecerá à hegemonia branca se todo mundo começar a falar espanhol. Trata-se de uma questão de poder, que põe em xeque todas as nossas teorias acadêmicas sobre o pós-colonialismo. Não tem nada de "pós-colonial" nisso.

Amalia: De fato, não "superamos" o colonialismo. Pense nas pessoas trabalhadoras que estavam na ilegalidade e que morreram no Onze de Setembro; seus nomes nunca foram incluídos em nenhuma lista oficial, suas famílias jamais receberam qualquer tipo de reparação. Só foram reconhecidas pelos sindicatos mexicanos que organizaram esforços para descobrir quem eram porque, antes de desaparecerem, trabalhavam de maneira informal no restaurante Windows on the World ou limpando escritórios. Esse grupo de pessoas simplesmente desapareceu nas cinzas.

Eram essas pessoas que chegavam cedo para abrir os restaurantes e que finalizavam seus turnos noturnos de limpeza no início da manhã. Entretanto, não permitiram que falássemos sobre o destino delas, pois isso poderia revelar que havia razões plausíveis para os ataques do Onze de Setembro. E isso não era tolerável; precisávamos recriar o evento como um ato totalmente irracional.

bell: Até agora, o ataque mais perigoso à liberdade estadunidense, sem exceção, foi o Patriot Act*, que permite ao

---

* O Patriot Act (Lei Patriota) foi uma legislação aprovada nos Estados Unidos logo após os ataques do dia 11 de setembro de 2001, com o objetivo de fortalecer as medidas de segurança nacional e combater o terrorismo. A lei ampliou significativamente os poderes do governo em relação a vigilância, investigação e detenção de pessoas suspeitas de terrorismo, levantando preocupações sobre violações de liberdades civis e direitos individuais. [N. da T.]

governo desmantelar as nossas liberdades civis. Quando ouço pessoas nos aeroportos dizerem, "eu não me importo de abrir mão de algumas liberdades para sentir segurança", isso me perturba profundamente. Então, eu me levanto e falo para as pessoas sobre a história do fascismo e aponto que esse é exatamente o tipo de pensamento que levou ao Holocausto nazista: o de que, para estarmos em segurança, devemos abrir mão de nossas liberdades.

Amalia: E, enquanto assistimos à dissolução de nossas liberdades e nosso direito à privacidade, nosso governo insiste em instituir a democracia em partes do mundo onde esse modelo não é necessariamente relevante.

bell: É como Bush batendo na tecla da condição das mulheres no Afeganistão, no Iraque ou no Irã, quando as mulheres continuam enfrentando violência e subjugação nos Estados Unidos.

Amalia: Exato. Permitimos que meninas de 12 e 13 anos do México, de El Salvador e da Guatemala venham para os Estados Unidos e trabalhem em lares onde são, na verdade, servas contratadas. As pessoas que as empregam "investem" o dinheiro das meninas, de forma que elas só tenham o suficiente para ir e voltar do trabalho, dizendo que em determinado momento elas receberão seu dinheiro de volta. De modo que as meninas jovens racializadas que vêm aqui para trabalhar não têm absolutamente nenhum direito. Na verdade, muitas delas sofrem abusos sexuais nas casas onde trabalham. Ao mesmo tempo, achamos ótimo construir fábricas *maquiladoras* ao longo da fronteira mexicana sem assumir nenhuma responsabilidade pelo que está acontecendo em Juarez, onde os corpos mutilados e desmembrados de meninas foram encontrados há anos. Centenas e centenas de meninas e mulheres foram mortas, e ninguém fala de como as fábricas estadunidenses legitimaram o modo como foram tratadas, porque ninguém dá a mínima para elas depois que saem do turno.

bell: Parte do sexismo racializado quer que todo mundo pense que uma mexicana de 15 anos não é uma menina; é uma mulher. *Sabemos que ela é uma menina.* Precisamos sempre enfatizar isso, porque agora esse é o destino das meninas racializadas de todo o mundo: a negação de que se trata de uma menina, de que se trata de uma criança, e o constante estado de risco e perigo em que elas vivem. Além disso, nos Estados Unidos, as mulheres que trabalham nos cargos mais vulneráveis e mal pagos, como cuidadoras de crianças, trabalhadoras de serviços domésticos e/ou do terceiro setor e operárias de fábrica, geralmente são jovens e latinas. Mas até esta primavera [2006], quando centenas de milhares de pessoas foram às ruas em apoio aos direitos das pessoas imigrantes, essas meninas e mulheres não tinham uma voz pública.

Amalia: Mesmo quando relembramos o "nanny-gate"*, o foco estava nos "problemas com empregadas" que afetavam as classes altas. Ninguém reconheceu que essas trabalhadoras eram, em sua maioria, mulheres, quase sempre latinas e mal remuneradas. Em vez disso, o debate acabou se transformando em combustível para as chamas da retórica anti-imigração.

* Escândalo que emergiu nos Estados Unidos no início dos anos 2000, quando algumas figuras públicas, incluindo políticos e celebridades, enfrentaram críticas e questionamentos sobre suas contratações de babás imigrantes, frequentemente sem a devida documentação. [N. da T.]

O sistema no qual ensino, a Universidade Estadual da Califórnia, começou a adotar uma linguagem extremamente desagradável em relação à imigração e à diversidade, utilizando termos como "onda de imigrantes 1", "onda de imigrantes 2" e "pós-tsunâmi" para descrever as mudanças demográficas. É evidente que esses termos não são neutros – evocam fenômenos que inundam, sobrecarregam e afogam. E, embora haja uma população asiática significativa na Califórnia, em especial em San Francisco, na maioria das vezes o termo "imigrantes" se torna uma palavra-código para designar pessoas oriundas do México, às vezes se referindo também a pessoas da América Central.

É uma realidade inevitável, mas essa linguagem se caracteriza pelo medo e pela noção de déficit. Não se relaciona com "novos recursos" ou "novas oportunidades", e, como consequência, testemunhamos a relutância em financiar determinados programas na educação pública. As instituições não querem estudantes que estejam em recuperação escolar ou que talvez não tenham o inglês como primeira língua. Para se protegerem das "ondas de imigrantes", implementam políticas e práticas que dificultam a educação das pessoas: elas constroem um muro.

bell: Precisamos retornar então ao ataque feroz à educação bilíngue. Vamos ser sinceras, mesmo que você venha para este país com a determinação de aprender inglês, se precisar trabalhar em dois ou três empregos onde fica completamente em segundo plano – como limpar quartos de hotel ou trabalhar na cozinha de restaurantes –, é provável que trabalhe inclusive aos sábados e domingos e não tenha grandes oportunidades para interagir com desenvoltura em inglês. Quando exatamente você terá a chance de aprender essa nova língua?

Amalia: Além disso, é uma questão de acesso. Exigimos que as pessoas aprendam inglês, mas não oferecemos aulas de inglês como segunda língua. A maior parte das aulas de imersão na educação pública vem sendo ocupada por um corpo discente branco aprendendo espanhol, cujos pais perceberam a necessidade do bilinguismo.

bell: Exato.

Amalia: Mas, ao mesmo tempo, não oferecemos aulas suficientes de inglês como segunda língua para pessoas adultas que já estão aqui. Elas não têm as mesmas oportunidades de se tornarem bilíngues.

Uma das iniciativas mais radicais que tentamos implementar em nossa universidade foi oferecer créditos a estudantes proficientes em espanhol. Como resultado, conseguimos que grande parte de nosso corpo discente cumprisse os requisitos de idiomas, reconhecendo que já dominam uma segunda língua: sendo assim, não precisam aprender francês. Se falam espanhol com fluência, realizam uma avaliação e, com isso, completam o requisito de idiomas. Essa iniciativa recebeu duras críticas, pois muitas pessoas afirmavam que saber espanhol não é o mesmo que saber francês, italiano ou alemão.

bell: É um sintoma da supremacia branca imperialista, e outras pessoas racializadas, incluindo pessoas negras estadunidenses, também participam dessa recusa em aprender espanhol. Nem consigo contar quantas escolas visitei em que a juventude negra é incitada a estudar alemão e francês. Quando questionei essa política, dizendo que o espanhol é a língua que deveriam aprender, ninguém deu ouvidos. A resposta é: "Por que eu aprenderia espanhol? Não tem o mesmo prestígio de classe que as outras línguas." É trágico, porque grande parte da população negra nos Estados Unidos se vê prejudicada no mercado de trabalho por não falar espanhol, o que reforça sua atitude racista sob a premissa de que "os mexicanos estão tomando nossos empregos".

Vemos isso com frequência, especialmente em lugares como Miami, onde muitas pessoas negras não conseguiram ascender além da classe trabalhadora. Elas sentem raiva das pessoas que falam espanhol e conseguem empregos, porém o fato de que essas pessoas são maltratadas, desrespeitadas ou mal remuneradas não se torna o foco das discussões. O que alimenta tal racismo entre pessoas negras é vivermos numa estrutura capitalista de retornos decrescentes. Se você está dando duro para pagar as contas, talvez não perceba que seus impostos estão subsidiando o exército e as guerras, mas com certeza receberá incentivo para se revoltar contra pessoas imigrantes.

Amalia: A ironia é que as pessoas negras pobres se posicionam às vezes do mesmo lado que as brancas, quando se trata de imigração. Inclusive, um dos dilemas que enfrentamos constantemente é que as questões raciais costumam ser tratadas em termos de preto e branco.

Acredito também que a maioria das pessoas latinas não foi educada para compreender a história negra dos Estados Unidos, e a maioria da população negra recebeu uma educação igualmente a-histórica sobre o povo mexicano do sudoeste. Nenhum dos dois grupos está preparado para compreender o quanto suas lutas são parecidas. Portanto, quando discutimos imigração, deveríamos estar falando sobre direitos humanos e civis, o que poderia abrir um diálogo do qual as pessoas negras talvez quisessem participar. No entanto, como o debate é enquadrado em termos de língua e nacionalidade, e não de raça e direitos, algumas pessoas apoiam legislações que impedem imigrantes de exercerem seus direitos civis e humanos. Isso, um dia, voltará para assombrar o povo negro, pois tais leis se baseiam nos mesmos princípios que legalizaram o racismo.

bell: E acredito que precisamos examinar como o destino dos povos originários das Américas se entrelaça nessa narrativa, porque o outro lado de qualquer discussão sobre imigração é, inevitavelmente, uma discussão sobre cidadania.

Amalia: Com certeza.

bell: Quem tem o direito à cidadania? No contexto atual, a direita reformulou essa questão. Agora tudo gira em torno de um nacionalismo patriótico, e muitas pessoas racializadas dos Estados Unidos se sentem sufocadas. Não ousam se expressar se são pobres ou se trabalham na casa de alguém onde ouvem discursos de ódio violentos e abusivos. Não podem reagir, porque qualquer resistência poderia ser vista como deslealdade, antipatriotismo ou apoio às "pessoas erradas".

Grande parte do sentimento anti-imigração da classe trabalhadora dos Estados Unidos vem do medo de perder seus direitos e *status* de cidadania. Para milhões de pessoas brancas e pobres neste país, as condições de "branca" e "cidadã" são seus únicos símbolos de pertencimento. Ainda que morem num cortiço ou num trailer com um banheiro quebrado que serve mais dez pessoas, podem dizer que são cidadãs de um país rico e democrático, e que têm a liberdade de ascender e prosperar.

Amalia: E se o seu único motivo de *status* é se sentir superior à pessoa trabalhadora mais pobre e racializada que não tem documentos, na verdade você já não tem cidadania alguma! Sabe, todo o trabalho feito sobre cidadania cultural foi tão revolucionário que duvido que fosse possível hoje. O grupo de intelectuais que investiu nessa pesquisa descreveu como as pessoas adquirem cidadania por meio da criação de espaços, de identidades e de solidariedades como pessoas trabalhadoras, bem como se engajando como participantes culturais da sociedade. Hoje, a noção de cidadania é exatamente o que você descreve: lealdade ao pensamento supremacista branco, desenvolvendo uma noção de "bondade" que se situa em algum lugar entre a bandeira, o corpo de bombeiros e o exército.

bell: Aos 10 anos de idade eu já sabia a diferença entre cidadania e nacionalismo! Não acredito que hoje o mais comum seja uma criança da classe trabalhadora ter esse tipo de entendimento.

Amalia: Eu diria que dá para adicionar também etnia e idioma a esse paradigma em que se misturam cidadania e nacionalismo. Está cada vez mais difícil para as pessoas imigrantes, mesmo as que estão aqui de forma legal, se enxergarem como cidadãs, porque "cidadã" é uma pessoa branca que fala inglês dos Estados Unidos. Portanto, mesmo quando você conquista esses direitos, não tem certeza se pode de fato exercê-los.

Há uma piada entre o povo chicano de que um "mexicano" é apenas um "chicano" esperando para acontecer. O que vai acontecer é que algum direito será violado e, à medida que forem se tornando chicanos, perceberão que podem agir. Enquanto estão ainda na condição de mexicanos, talvez não sintam que têm poder suficiente para enfrentar isso. Algumas pessoas me perguntam sobre as diferenças entre pessoas mexicanas-estadunidenses e chicanas, e digo que se definir como chicana tem a ver com justiça, poder de ação própria e poder de agir em prol de outras pessoas. Diz respeito a algo que ocorre nos primeiros momentos de politização da gente, quando exercemos nosso direito de discordar e de lutar.

Em relação às divisões dentro da comunidade latina mais ampla, um dos dilemas que enfrentamos agora é como construir pontes entre as populações imigrantes que vêm do México e da América Central, que são majoritariamente indígenas e não falam espanhol. Podem estar aprendendo inglês, mas nunca dominaram o espanhol, o que torna mais frágeis as conexões entre elas e outras pessoas latinas. Nosso ativismo precisa evoluir; devemos criar espaço para quem é diferente de nós e reconhecer a complexidade crescente do que significa ser latino nos Estados Unidos. Trata-se de algo que a cultura dominante não entende, pois ainda pressupõe que qualquer pessoa da América Latina fala espanhol.

bell: Pense bem: somos um dos poucos países do mundo que não possui um movimento popular de alfabetização de base. Isso permite que grande parte da população dos Estados Unidos acredite que todas as pessoas latino-americanas falam espanhol e que todo mundo sabe ler e escrever em inglês, exceto "aqueles imigrantes", além de ignorar o fato de que muitas pessoas com cidadania estadunidense tem dificuldades com a leitura. Por isso, as pessoas que mal sabem ler estão sendo ainda mais marginalizadas, à medida que muitas de nossas interações se tornam digitais.

Por exemplo, há tantas barreiras para se locomover e viajar. Se você quiser comprar uma passagem de avião, paga uma taxa caso o faça pelo telefone; se comprar pela internet, não paga. Bem, sou uma acadêmica muito bem-educada e renomada, mas não uso a internet. Para mim, não tem importância pagar a taxa; posso ler e pagar a diferença. Mas e todas as pessoas que não são plenamente alfabetizadas e não têm computador em casa? Elas é que ficam paralisadas. Quando penso em todos os diferentes impostos e taxas que foram instituídos nos últimos anos, o impacto sobre a população pobre se torna evidente: isso mantém as pessoas em seu lugar, confinadas, e as que não têm documentos apropriados vivendo num estado de medo e pavor constantes.

Mesmo aquelas de nós com documentos corretos podem ser consideradas um "indivíduo suspeito" por alguma autoridade superior, como eu já fui. Existe agora algo no sistema que me classifica como "suspeita", e essa informação acaba sendo inserida nas minhas passagens, transmitindo tal percepção às pessoas. Descobri isso ao questionar por que era constantemente revistada em aeroportos. O mais assustador é que as pessoas não querem reconhecer o quanto as liberdades que nos definiam como diferentes de culturas mais opressoras estão sendo aos poucos retiradas, pois a narrativa romântica do nacionalismo patriarcal tomou conta. E é fundamental destacar que estamos testemunhando uma retomada cruel do patriarcado, paralelamente ao aumento do militarismo. Isso vem gerando sérias consequências em áreas como moradia e cuidados de saúde.

Sabe, já falamos sobre nossos corpos serem tratados como não identificados, invisíveis, como corpos que trabalham até a exaustão sem reconhecimento, e também sobre os papéis que desempenhamos como cuidadoras e cuidadores. Outra dimensão que precisamos considerar é o corpo doente e vulnerável da pessoa racializada. Quem cuida desse corpo? Onde está o sistema de saúde preparado para reconhecer esses corpos como dignos de cuidados de saúde e bem-estar de qualidade? Muitas pessoas nos Estados Unidos acreditam que, se as pessoas negras e demais grupos racializados tiverem dinheiro, podem acessar o sistema de saúde e ser tratadas de forma igualitária. Como mulher negra de classe alta, posso garantir que isso não é verdade. O dinheiro não compra um atendimento cuidadoso e respeitoso, e, claro, a situação se torna ainda mais grave para quem não conta com recursos financeiros.

As mulheres negras morrem de câncer de mama numa taxa desproporcional, e o argumento que se utiliza com frequência é que não buscamos atendimento. Minha mãe, por exemplo, vai regularmente ao médico, e encontraram um nódulo em seu seio. O médico em quem ela confia disse que o Medicare* só cobriria outra mamografia dali a vários meses, sugerindo: "Por que não esperamos para ver o que acontece com esse nódulo?" E, claro, eu disse à minha mãe: "Mãe, isso é um absurdo. Nunca ouvi falar em um médico dizendo para esperar e ver o que acontece com um nódulo no seio." Esse é o tipo de atendimento de saúde machista, racista e etarista que desconsidera os corpos das mulheres negras, racializadas e idosas. Acredito que a maioria dos abusos discriminatórios nos cuidados de saúde acontece com pacientes idosos "não acompanhados", que não têm jovens ao seu lado para perguntar, e exigir, as respostas corretas dos profissionais da saúde, principalmente dos médicos.

Amalia: Quando meus pais vieram morar comigo, assumi esse papel por quase dez anos. Eu os acompanhava sempre que possível nas consultas médicas, fazia anotações e, assim que chegava, entregava ao médico meu cartão com o nome

---

* Seguro de saúde subsidiado pelo governo estadunidense destinado a pessoas a partir dos 65 anos de idade. [N. da T.]

"Dra. Amalia Mesa-Bains". Isso era importante para deixar claro que, ao tratar meus pais, os profissionais de saúde precisariam compartilhar informações de forma clara e precisa. Quando meus pais iam desacompanhados, tinham dificuldade em entender a terminologia médica e, ao voltar, não era fácil obter os detalhes corretos. Acompanhar essas consultas, então, se tornou uma prioridade absoluta para mim.

Depois de passar pelo sistema de saúde nos últimos dois anos devido a um acidente traumático, compreendi que você só recebe o melhor atendimento se entender como o sistema funciona. Tive sorte, pois pude recorrer a pessoas influentes ou cujas famílias vêm da área médica e perguntar: "Se você estivesse no meu lugar com esse problema, para onde iria?"

bell: Conhecimento *é* poder. Por exemplo, as mulheres negras nos Estados Unidos são submetidas a histerectomias numa taxa bem mais alta do que as mulheres de qualquer outro lugar do mundo ocidental. Mas agora as cirurgias mais comuns realizadas em mulheres racializadas – em especial as mulheres negras, que somos as mais obesas nesta sociedade – são as próteses de quadril e joelho. Apesar de toda sua atenção à dieta e ao peso corporal, Oprah nunca trouxe essas questões à tona. Se ela lançasse um pequeno livro direcionado às mulheres negras, especialmente da classe trabalhadora e pobre, encorajando-nos a cuidar da nossa saúde e a prevenir problemas como diabetes, insuficiência renal e doenças cardíacas, seria algo extremamente útil.

Amalia: Nós duas tivemos esse percurso dentro do complexo industrial médico e estamos descobrindo como o sistema de saúde opera. Uma das coisas que prevejo é que a geração dos *baby boomers* vai pressionar o sistema de saúde; já estamos exigindo mais informações e nos engajando mais, e acredito que veremos mudanças por conta disso. Seja por direito ou privilégio, à medida que nos aproximamos, em grande número, da idade mínima para acessar o Medicare, o sistema existente se verá pressionado. Ainda não sabemos ao certo que rumo isso tomará.

bell: Isso nos leva de volta à ideia de que saúde e moradia são questões em torno das quais se podem formar amplas coalizões. Chamo isso de ativismo prático, um ativismo que se relaciona ao lugar onde você vive e a uma visão de desenvolvimento local. Acredito que as pessoas racializadas, sobretudo as mais pobres, se preocupam profundamente com o bem-estar, mas simplesmente não têm os recursos necessários para se preocupar com questões de saúde. A sobrevivência cotidiana é a prioridade. E, considerando o impacto da guerra no Iraque em nossas vidas, sabemos que haverá escassez. Enfrentaremos falta de energia. Em muitos estados, o auxílio social já não cobre o custo de abastecimento de água, então haverá momentos em que certas pessoas não terão acesso à água durante parte do dia. Isso já está acontecendo, mas, como são as pessoas racializadas que carregam esse fardo, ainda não tivemos um debate público sobre isso.

Amalia: Na Califórnia, especialmente na costa central, existem grandes discussões sobre a conservação da água. Um exemplo é que nossa universidade não pode crescer mais por falta de créditos de água suficientes para acomodar mais estudantes. Então, a questão da água já está no centro das conversas por aqui.

Outra questão sobre a qual tenho refletido é a moradia. Existem modelos interessantes de habitação criativa, como os apoiados pelo Center for Community Advocacy [Centro de Defesa da Comunidade]. Eles ajudam as pessoas trabalhadoras rurais a se organizarem promovendo boicotes para pressionar os proprietários de imóveis degradados a reformá-los, possibilitando que a classe trabalhadora possa comprá-los. Esses modelos, porém, não estão presentes nas grandes cidades, apenas em localidades menores, onde as pessoas precisam lutar incansavelmente para conseguir um lar, onde às vezes 5 ou 6 famílias se revezam num mesmo espaço.

bell: Isso com certeza é um problema nas grandes cidades. Por exemplo, demoliram diversos conjuntos habitacionais em Chicago, mas não criaram moradias acessíveis para pessoas pobres. A pergunta que se faz em relação a Chicago, Detroit, Nova York e outras cidades é: para onde foram essas pessoas?

Amalia: San Francisco fez a mesma coisa.

bell: Portanto, essas pessoas foram morar em seus carros e nas ruas, e muitas delas simplesmente saíram das cidades, porque é mais fácil viver em situação de rua em outro lugar. Tornou-se muito mais violento ser uma pessoa em situação de rua na cidade. Você pode dirigir pelas colinas do Kentucky e da Virgínia e ver pessoas vivendo em caixas de papelão ou favelas. E é claro, ambas sabemos que, se formos ao centro de Los Angeles após as dez da noite, veremos um mundo que se parece com o Brasil, que se parece com qualquer cidade do terceiro mundo; quero dizer, é chocante. E as pessoas nos Estados Unidos não estão vendo isso todas as noites na televisão.

Sabe, em muitas cidades o estado cede o controle da habitação pública para igrejas específicas, e as igrejas recebem um retorno econômico. De início, isso foi apresentado como "controle comunitário", mas muitas dessas habitações mais parecem comunidades fechadas onde os moradores são rigidamente vigiados. Vemos nisso algumas evidências de um conservadorismo interligado entre a Igreja e o Estado, algo para ficarmos de olho.

Amalia: Isso me faz pensar no alcance do atual papa [Bento XVI]: esse homem literalmente destruiu a teologia da libertação na América Latina porque suas perspectivas sobre o comunismo foram moldadas pelo contexto da Guerra Fria, e ele não conseguiu entender que a justiça social e a defesa de direitos no interior da Igreja poderiam ser produtivas na América Latina. Isso, mais o retrocesso da Igreja em relação às mulheres e à homofobia, são as marcas desse homem.

bell: A ascensão dele também coincide tragicamente com o falecimento de vozes que nos trouxeram a visão da educação como prática da liberdade e da teologia da libertação. Penso em pessoas como Essex Hemphill, Marlon Riggs, June Jordan e Gloria Anzaldúa. Essas pessoas racializadas radicais estavam, de certa forma, na vanguarda dos novos discursos.

Amalia: Quando perdemos pessoas assim, perdemos o poder icônico delas, além dos anos que teriam de produção: o que poderiam ter pensado, escrito ou dito caso tivessem mais tempo. Começamos um projeto chamado Regeneration [Regeneração] há cerca de dez anos, acima de tudo porque não queríamos ser dinossauros; não queríamos ser as últimas pessoas de nossa espécie. Outros indivíduos tinham que estar dispostos a ver a arte não apenas como bem comercial, mas como um espaço de resistência e afirmação.

bell: Temos que continuar a educar a juventude que esteja disposta a criticar a ganância, porque uma das forças que têm tido um poder incrível de minar a radicalização é o desejo por riqueza. Acho que isso atravessa raça e classe nos Estados Unidos; até mesmo grande parte da juventude radical deseja riqueza se não provém dela. Portanto, precisamos nutrir uma cultura de compaixão e generosidade que critique o capitalismo imperialista.

Amalia: Uma das coisas que sempre foi uma marca da arte, da literatura e do trabalho cultural na comunidade chicana é o serviço à comunidade. Nossos dons e talentos, nossas habilidades, nossos tesouros só têm valor se voltarem, de alguma forma, para nossa comunidade, para nossa família. Mas a "profissionalização" invadiu nossas organizações comunitárias. Agora você só "está no caminho certo" se esse "caminho" estiver longe da sua comunidade.

bell: Uma porção considerável da juventude se vê motivada por riqueza ou pela ideia de se tornar celebridades. Veja a loteria. Ela simboliza riqueza sem esforço e a ideia de que você pode ter sorte. Isso explora a noção mágica de que a riqueza pode simplesmente surgir do nada. E algumas pessoas não conseguem parar de pensar nisso. É uma das maneiras pelas quais colaboramos com as mitologias do capitalismo imperialista; fazemos isso por causa desses mitos que dizem que a riqueza vai curar você e salvar sua vida.

Amalia: De modo que agora voltamos a falar de saúde, do que realmente nos cura.

bell: Sim. E o que esperamos oferecer a quem estiver nos lendo por meio dessas conversas são visões múltiplas de plenitude.

Amalia: De alguma forma, no processo dessas múltiplas conversas, você e eu estamos trocando nossas vidas do modo como as vivemos em momentos extremos. E as discussões que surgiram aqui estão com certeza conectadas à vida exterior que levamos como mulheres racializadas reconhecidas e poderosas: no seu caso, você é conhecida nacional e internacionalmente. Porém, nossas vidas exteriores são apenas uma parte deste diálogo. Durante essa troca, nós duas passamos por momentos extremos e muitas vezes tivemos que contar com nossa vida interior para encontrar o equilíbrio necessário para sobrevivermos, para sermos tão completas quanto podíamos ser. Essas conversas também refletem esse processo.

bell: Penso em pessoas como Toni Cade Bambara e June Jordan, que eram raridades entre as pensadoras e trabalhadoras culturais negras dos Estados Unidos porque sempre falaram para as "pessoas negras comuns", não apenas com intelectuais ou ativistas. Era esse o público delas tanto nos Estados Unidos quanto no exterior, no entanto vemos como elas podem ser rapidamente esquecidas. Mesmo quando Andrea Dworkin, uma das vozes mais militantes e dissidentes dentro do feminismo estadunidense, morreu aos 58 anos, muitas pessoas com quem conversei não sabiam quem ela era. Muita gente já esqueceu Audre Lorde.

Então, acho importante reconhecermos que nossa conversa tem outro valor: ajuda a proteger e preservar nossos legados. Parte do meu desejo de produzir um livro de conversas com você surgiu quando nos conhecemos. Naquela época, você já era uma mulher brilhante e criativa, sobrevivendo com felicidade, e, como você é 10 anos mais velha do que eu, sabia que parte do modo como você navegou pelo mundo iluminaria o meu caminho. Sabia que poderia aprender com você, e, quando falamos sobre a construção de coalizões de base, muitas vezes estamos falando sobre diálogos entre mulheres.

Amalia: Entre mulheres, em torno de mesas de cozinha como esta.

bell: Em torno de mesas de cozinha e creches, em abrigos – porque boa parte da conscientização sobre violência doméstica ocorre em abrigos – e dentro do sistema prisional. Acho que nossa conversa é especialmente significativa porque representa de forma pública o valor e o significado do diálogo sem fronteiras.

Também reconhecemos a dor profunda e o luto por não podermos dialogar com Toni Cade Bambara, Gloria Anzaldúa, June Jordan ou qualquer uma das muitas outras pensadoras visionárias que partiram cedo demais. De certa forma, trata-se de uma acusação à nossa preguiça intelectual o fato de nem sempre termos feito o esforço de documentar nosso trabalho e as ideias compartilhadas.

Para nós duas, tratou-se de um esforço: vivemos em lados opostos do país, lutamos contra diferentes problemas de saúde. Contudo, criamos o tempo para que esta conversa acontecesse, e agora temos o registro de nosso triunfo. *Cultivado em casa* documenta a capacidade de uma chicana e uma mulher negra estadunidense de se encontrarem, conversarem apesar de suas diferenças e descobrirem suas semelhanças.

Posfácio à nova edição

Ao refletirmos sobre a década que se passou desde a escrita original deste livro, percebemos que a paixão e o envolvimento com questões culturais se mostraram, de várias formas, proféticos. Este livro nasceu das nossas trocas interpessoais e interculturais ao longo de vários anos. A solidariedade que vivenciamos parecia um modelo relevante num tempo de transformações. A intensidade que sentíamos naquele momento ganhou uma nova urgência, diante das incertezas que vivemos em nossa nação e no mundo sob uma liderança conservadora e caótica. Questões fundamentais como educação, imigração, racismo, direitos das mulheres, mudanças climáticas, trabalho, entre outras, estão em jogo. As discussões trazidas neste livro, da nossa perspectiva enquanto mulheres negra e latina, agora se revelam no contexto do movimento Black Lives Matter [Vidas Negras Importam], do ativismo do grupo Dreamer*, do movimento Undocumen-

* Dreamers é um grupo formado por uma juventude imigrante que chegou aos Estados Unidos ainda criança, trazida por seus pais sem documentação legal. O termo deriva do DREAM Act (Development, Relief, and Education for Alien Minors), uma proposta legislativa apresentada em 2001, que buscava oferecer-lhes um caminho para a cidadania. Embora o projeto nunca tenha sido aprovado, o

ted and Unafraid [Sem Documentos e Sem Medo], do DAPL [Dakota Access Pipeline] e de outras lutas. Nossa sociedade se encontra numa situação de risco que exige de nós apoio mútuo e solidariedade. *Cultivado em casa* surgiu da amizade e da parceria intelectual que bell hooks e eu cultivamos por mais de 30 anos.

Os anos recentes trouxeram mudanças tumultuadas, tanto no nosso país quanto nas transformações globais que emergem de guerras, mudanças climáticas, conflitos e deslocamentos. Nosso discurso sobre crítica cultural, que abordou questões de feminismo, pedagogias de resistência, multiculturalismo, cultura pública, memória, espiritualidade e lar, parece ter sido de certa forma premonitório. Nos Estados Unidos, o colapso financeiro e econômico e a posterior recuperação, com resgates financeiros e estabilização, representaram um desafio significativo para o nosso primeiro presidente negro, no contexto de uma visão utópica de uma sociedade pós-racial. A crescente visibilidade da brutalidade policial e o surgimento do movimento Black Lives Matter sinalizaram um discurso nacional cada vez mais apaixonado e dividido sobre raça e etnia. Os tiroteios em massa que se espalharam pelo país reacenderam debates sobre o controle de armas e o aumento do terrorismo doméstico. Os eventos globais provocados por extremismos nos sistemas econômicos e pelos crescentes conflitos e guerras no Oriente Médio e em outras regiões geraram deslocamentos em massa e uma crise de pessoas refugiadas, intensificando os conflitos sobre imigração nos Estados Unidos. Até mesmo os avanços do movimento progressista em favor do casamento igualitário e dos direitos das mulhe-

---

termo "*Dreamers*" tornou-se amplamente utilizado para se referir a esse movimento de luta pelo direito de permanecer no país onde cresceram. [N. da T.]

res estão sob ameaça, devido ao crescimento do conservadorismo. Em retrospectiva, a discussão sobre pedagogias feministas e de resistência parece bem posicionada, oferecendo um vocabulário perspicaz e diretrizes conceituais que podem estimular a liderança nas comunidades racializadas e promover práticas espirituais alternativas que fortaleçam as mulheres num cenário de patriarcado cada vez mais agressivo. O papel da arte e da cultura nesse discurso é fundamental para compreender muitas dessas formas de resistência, oferecendo símbolos e imaginários que auxiliam no processo de cura e recuperação. Tradições como o Dia dos Mortos apresentam formas contemporâneas de expressão em meio à violência e à perda.

Cultivado em casa: crítica cultural engajada serve de referência para as preocupações com o crescimento de movimentos conservadores e de direita que culminaram na eleição presidencial de 2016 nos Estados Unidos. A xenofobia contra mudanças multiculturais e demográficas no país reflete o deslocamento global para a direita e até mesmo a resistência, por parte do governo, às questões climáticas internacionais. Desde sua concepção, este livro tem sido uma intervenção radical para pessoas racializadas que, muitas vezes, falam para e sobre pessoas brancas. bell e eu modificamos a natureza desse discurso ao dialogarmos entre nós. Na era das mídias sociais e com o poder da cultura pública, a republicação deste livro oferece uma ferramenta útil para discussões mais profundas sobre experiências compartilhadas, conectando pedagogias críticas, práticas de memória comunitária e momentos históricos de justiça social. *Cultivado em casa* reflete a solidariedade empoderadora de duas intelectuais racializadas e de esquerda, cujas visões de libertação podem servir de paradigmas poderosos para o futuro.

– *Amalia Mesa-Bains*

Este livro foi composto na fonte Amalia Pro e impresso
pela gráfica Vox, em Lux Cream 60 g/m², para a
Editora WMF Martins Fontes, em agosto de 2025.